KB267441

쇼펜하우어의 『의지와 표상으로서의 세계』 읽기

세창명저산책_017

쇼펜하우어의 『의지와 표상으로서의 세계』 읽기

초판 1쇄 발행　2013년 12월 23일
초판 2쇄 발행　2024년 1월 30일
—

지은이　김 진
펴낸이　이방원
기획위원　원당희
책임편집　정조연　　　**책임디자인**　손경화
마케팅　최성수·김 준　　　**경영지원**　이병은
—

펴낸곳　세창미디어

　　　신고번호 제2013-000003호　　**주소** 03736 서울시 서대문구 경기대로 58 경기빌딩 602호

　　　전화 723-8660　**팩스** 720-4579　**이메일** edit@sechangpub.co.kr　**홈페이지** http://www.sechangpub.co.kr

　　　블로그 blog.naver.com/scpc1992　**페이스북** fb.me/Sechangofficial　**인스타그램** @sechang_officia
—

ISBN　978-89-5586-195-2　03160

세창명저산책_017

김 진 지음

쇼펜하우어의 『의지와 표상으로서의 세계』 읽기

세창미디어
MEDIA

머리말

쇼펜하우어는 칸트를 추종하면서도 칸트를 극복한 위대한 사상가였다. 칸트가 지식의 문제에 대한 근본적인 해결책을 제시하고도 그 존재론적 근거에 대하여 불가지론적 태도를 취한 것과는 달리, 쇼펜하우어는 그 존재론적, 형이상학적 근거가 바로 의지라고 규정했다. 이로부터 칸트의 인식형이상학은 자연스럽게 쇼펜하우어의 의지형이상학으로 이행한다.

칸트의 철학이 인간의 인식능력인 이성의 건강한 활동을 통한 객관적으로 타당한 지식의 체계 구축이라고 할 때, 그 모든 지성적 활동의 결산으로서의 세계는 우리에게 드러난 '현상Erscheinung'일 뿐이다. 현상의 배후에 존재할지도 모르는, 또는 보다 적극적으로 말해서 반드시 존재해야 한다고 믿는 신앙의 대상들조차도 칸트에게는 단지 경험적 이성으로 파악할 수 없는 '초월적 이념'일 뿐이었다. 칸트는 이러한 초월적인 이념의 세계를 오직 도덕적 실천의 가능성 조건으로서 필연적으로 희망할 수밖에 없는 형이상학적 전제, 즉 '요청 Postulat'이라고 불렀다.

이런 칸트에 비할 때 쇼펜하우어는 지식의 영역에서는 '조금', 그러나 실천의 영역에서는 '전혀' 다른 그림을 그린다. 우선 그에게는 이론과 실천의 엄밀한 구획이 존재하지 않는다. 다만 우리에게 드러난 세계 현실은 '우리에게 드러난 모습', 즉 '표상 Vorstellung'일 뿐이다. 그러나 우리의 앞에 서 있는 것의 실질적인 근거, 즉 칸트가 부정적으로 '물자체'라고 표명했던 것은 바로 '의지'이다. 따라서 쇼펜하우어에게서 세계는 현상인 동시에 의지인 셈이다. 그러나 의지 그 자체는 결코 도덕적 경향성을 가진 어떤 것이 아니다. 생물학적 표현으로 그것은 '삶에의 맹목적 충동'이다. 의지 그 자체는 획일적인 것이고 전체이지만, 그것이 우리에게 드러나는 방식은 언제나 이미 근거율이나 또는 시간과 공간, 즉 개체화의 원리에 따른 다양한 모습의 '의지의 객관화' 현상들이다.

그러므로 쇼펜하우어의 철학에서는 현실적으로 칸트의

정언명법이나 최고선의 개념이 들어설 자리가 없다. 삶에의 의지에게는 결코 완전한 최고의 충족 상태가 존재할 수 없기 때문이다. 그런 최고의 충족조차도 또 다시 피어오르는 새로운 욕구 충동에 의하여 일시에 무너질 것이다. 이런 점에서 본다면 쇼펜하우어 철학에는 윤리학이 들어설 수 없게 된다. 그러나 그는 칸트와는 전혀 다른 방식으로 새로운 도덕철학을 정초하고자 한다. 그것은 '최고선을 향한 무한한 전진 또는 접근'이라는 칸트의 구호 대신에 '의지의 완전한 부정과 폐기'를 지향한다. 엄밀한 의미에서 이것은 도덕적 주체의 구성주의적 완성이 아닌 해체주의적 무화를 뜻한다. 세간에서는 쇼펜하우어의 철학을 염세주의 또는 비관주의라고 규정하지만, 그의 사상을 면밀하게 들여다보면 오히려 칸트와 기독교와 불교가 추구했던 모든 도덕적 가치를 합한 것보다 더 고차적이고 함축적인 가치지향을 염원하고 있다. 그것이 바로 '동고同苦, Mitleid'의 사상이다. 다른 사람들의 고통을 자기 자신의 것으로 여기라는 것이다. 그 결과 쇼펜하우어의 도덕철학에서도 '코페르니쿠스적 전회'가 일어난다. 다시 말하면 삶에의 의지를 긍정하는 모든 노력은 필연적으로 다른 사람들의 의지 긍정을 좌초시키는 결과를 빚게 되고, 따라서 나 자신의 의지긍정으로 인하여 타인의 고통이 발생하게 될 수밖에 없다. 그런데 의지는 존재론적 근원에서 단 하나의 것이며 오직 유일한 것이므로, 결국 타인의 고통은 나 자신의 고통과 다르지 않다는 것을 깨닫게 된다. 이로부터 쇼펜하우어의 도덕적 수행은 의지의 절대부정으로 급선회하게 되고, 칸트적인 최고선은 또다시 반전을 겪게 되는 것이다. 칸트에서 최고선은 '도덕과 행복의 비례적인 일치'에서 가능하다고 생각할 수 있지만, 쇼펜하우어에서 그런 가능성은 오직 의지의 절대부정, 즉 예수 그리스도의 십자가 죽음이나 붓다의 열반적정과 같은 메시아적이고 니르바나적인 절대무에서만 체득할 수 있는 것이다.

쇼펜하우어의 철학에는 칸트의 현상, 플라톤의 가상, 베단타의 마야에 비견할 수 있는 '표상'의 개념과 칸트의 물자체, 플라톤의 이데아, 베단타의 삼신에 해당하는 '의지'의 개념이 상관적인 파노라마를 연출하고 있다. 따라서 쇼펜하우어의 표상존재론과 의지형이상학에서는 관념론과 실재론의 대립을 넘어섬으로써, 마치 프로이트 심리철학과 화이트헤드의 과정철학이 원융무애의 방식으로 넘나드는 것처럼 보이는 전대미문의 우주쇼를 펼치고 있다. 이처럼 쇼펜하우어는 칸트와 플라톤과 베단타로 그 자신의 '고유한 체계사상'을 기획하고 구축할 수 있었던 것이다. 쇼펜하우어를 제대로 독파한 사람은 세 번의 지성적 오르가즘을 느끼게 된다. 그가 칸트를 공략하고 플라톤을 자기식대로 기술하면서 베단타와 불교사상의 진수를 관통할 때 터져나오는 함성과 더불어 '쇼펜하우어의 레인보'가 펼쳐질 것이다. 칸트가 '근대'의 완성자라면 쇼펜하우어는 '현대'의 프로듀서라고 할 수 있다. 셸링에서처럼 쇼펜하우어의 자연존재론과 의지심리학도 역시 새로운 동일철학이라고 할 수 있다. 그 때문에 그의 의지형이상학은 프로이트와 화이트헤드 모두에게 힘겨운 성찰의 벽으로 우뚝 서 있는 것이다.

이 책에서 쇼펜하우어의 원전 인용은 볼프강 뢰나이센이 편집한 독일어판Stuttgart/ Frankfurt 1960; Frankfurt 1986과 홍성광이 번역한 한국어판을유문화사, 2009을 참고하였다. 인용 순서는 독일어판의 책명 약어, 절 쪽; 한국어판 쪽(WWV1, §1, 1; 4)으로 표기하되, 반복적이고 혼동의 염려가 없는 경우에는 책명의

약어를 생략하였다. 부디 이 한 권의 작은 책을 통하여 쇼펜
하우어의 사상에 대한 바른 이해가 자리 잡기를 바라마지
않는다.

2013년 11월
울산 고헌산 자락의 선필마을에서
김 진

| CONTENTS |

제1장
쇼펜하우어의 삶과 사상

1. 쇼펜하우어의 생애

아르투어 쇼펜하우어는 1788년 독일의 단치히(현재 폴란드 그단스크)에서 부유한 상인이었던 아버지 하인리히 쇼펜하우어와 어머니 요한나 쇼펜하우어 사이에서 태어났다. 그의 아버지는 선박을 소유한 재산가로서 함부르크와 단치히 항을 이용하여 무역에 종사했으며, 아들 쇼펜하우어를 국제적인 상인으로 교육시키고 싶어 했다. 그 영향으로 쇼펜하우어 스스로도 자신을 코스모폴리탄으로 여겼다. 불행하게도 그의 아버지는 쇼펜하우어가 열일곱 살 생일을 맞은 두 달

후에 사망하였다(1805년).

쇼펜하우어는 우리에게 염세주의 철학자로 알려진 인물이다. 그는 프로이센 제국의 국가철학자였던 헤겔의 '정신철학'에 반대하여 '의지형이상학'을 주창하였다. 추상적인 '정신' 대신에 현실적인 '의지'를 중시한 것이다. 따라서 쇼펜하우어의 사상은 정신분석학과 실존철학에 결정적인 영향을 주었으며, 그가 특히 비합리주의에 주목한 점에서 포스트모더니즘의 선구적 사상가로 평가받아도 좋을 것이다.

서양철학에서 쇼펜하우어의 영향력은 대단하다. 그는 헤겔 사후 서양철학의 새로운 흐름을 주도할 정도의 막강한 영향력을 행사하였다. 니체, 프로이트, 키르케고르, 베르그송, 비트겐슈타인은 쇼펜하우어의 사람들이다. 그리고 리스트, 바그너, 톨스토이, 투르게네프, 토마스 하디, 프루스트, 토마스 만, 베케트, 말러, 슈트라우스, 보르헤스 등의 작가들도 그의 사상에 심취하였다. 니체는 장차 쇼펜하우어가 '헤겔보다 더 유명해질 것'이라고 말했으며, 톨스토이는 쇼펜하우어를 '가장 천재적인 인간'으로 불렀다. 쇼펜하우어의 의지형이상학은 그의 제자 하르트만의 『무의식의 철학』과

니체의 '권력에의 의지'를 매개로 하여 프로이트의 정신분석학에 결정적인 영향을 끼쳤다. 쇼펜하우어의 '의지'는 사실상 정신분석학에서의 '리비도'와 같은 것이다.

쇼펜하우어는 1809년(21세) 가을에 괴팅겐대학교 의학부에 들어가서 자연과학을 공부하다가, 칸트주의자였던 슐체 교수를 만나 1년 후에 인문학부로 옮겨 플라톤과 칸트철학에 심취하였다. 그 결과 나중에 그의 주저로 평가된 『의지와 표상으로서의 세계』에서 플라톤, 칸트, 그리고 베다와 우파니샤드 사상은 그의 철학에서 근본적인 위상을 차지하게 된다. 그는 평생 동안 플라톤과 칸트를 예찬하였다. 물론 그는 플라톤과 칸트를 자신의 고유사상을 체계화하기 위하여 자의적으로 해석하기도 했다. 이를테면 칸트의 물자체를 '의지'라고 해석하고, 플라톤의 이데아를 '의지의 객관화' 또는 '인식할 수 있는 의지의 형식들'이라고 독자적으로 해석했던 것이다. 칸트에서 물자체는 우리가 경험적으로 파악할 수 없는 것이고, 따라서 어떤 규정도 가할 수 없는 것이다. 플라톤의 이데아 역시 '의지의 형식'이 아니라 현상적인 존재들의 근거로서 실재 그 자체를 뜻한다.

쇼펜하우어는 1811년에 베를린대학으로 옮겨서 당시 철학의 거장이었던 피히테의 강의를 들었다. 그러나 크게 감동을 받은 것 같지는 않다. 피히테는 세계 우주를 '합리적인 의지의 활동the activity of a rational will'으로 보았는데, 23~24세의 쇼펜하우어는 피히테의 1811년과 1812년 강의를 약 200쪽 분량으로 정리했다.[1]

그는 1813년 예나대학에서 『충족근거율의 네 가지 뿌리에 대하여』[2]로 박사학위를 취득하였는데, 나중에 그는 이 책에서 다루고 있는 충족근거율이 자신의 주저인 『의지와 표상으로서의 세계』의 서문에 해당한다고 강조하기도 했다. 그해 쇼펜하우어는 바이마르Weimar에서 괴테와 친교를 나누었으며, 이듬해에 헤르더의 제자인 동양학자 마이어로부터 뒤페롱이 번역한 『우파니샤드Upanishads』를 소개받아 읽음

---

1   Robert Wicks, *Schopenhauer's The World as Will and Presentation*. A Reader's Guide. London, New York: continuum, 2011, p.3. 앞으로의 인용은 'Wicks 2011'.

2   *Über die vierfache Wurzel des Satzes vom zureichenden Grunde; On the Fourfold of the Root of the Principle of Sufficient Reason*; 이 책의 한국어판: 아르투어 쇼펜하우어, 『충족이유율의 네 겹의 뿌리에 관하여』, 김미영 역, 나남, 2010.

으로써 인도철학의 세례를 받게 되었다.[3] 그는 인도를 '가장 고대적이고 원시적인 지혜의 땅'이라고 보면서 브라만주의와 불교가 유럽에 들어와 기독교로 각색되었다고 믿었다.

그는 1814년부터 1818년까지(26~30세) 드레스덴에서 장차 그의 주저가 될 『의지와 표상으로서의 세계』를 구상하고 집필하였다. 따라서 그의 주저를 집필할 시점에 쇼펜하우어는 그 스스로 자신의 '고유한 사상'에서 가장 중요한 요소들이라고 생각했던 플라톤, 칸트, 우파니샤드 사상을 모두 섭렵했던 것이다. 또한 그는 괴테의 『색채론』에 자극을 받아서 1816년에 『시각과 색채에 대하여』라는 책을 펴낸다. 그리고 1819년에 『의지와 표상으로서의 세계』 750부를 출간하였다. 칸트 후임으로 쾨니히스베르크대학에 부임한 헤르바르트와 베네케와 같은 몇 사람의 철학자들만이 이 책에 주목했을 뿐이었다. 그의 책은 거의 팔리지 않았으며, 출판

---

3   쇼펜하우어는 바이마르 도서관에서 두 권의 인도 관련 책을 빌렸는데, 1813년 12월에 『바가바드기타(*Bhagavadgita*)』를, 그리고 1814년 3월에 『우파니샤드』를 빌려 읽었다(Urs App, "Schopenhauer's Initial Encounter with Indian Thought," *Schopenhauer-Jahrbuch* 87, 2006, S.35-76; Wicks 2011, p.5).

한 지 6년이 지난 1825년까지 600부가 판매되었다.

쇼펜하우어는 1820년에 베를린으로 가서 헤겔과 같은 시간대에 강의를 편성하는 만용을 마다하지 않았다. 그러나 처절한 실패를 맛본 후, 한 학기 만에 강의를 접고 은둔생활을 하였다. 당시 헤겔의 존재감으로 인하여 빛을 보지 못한 셸링과 더불어, 쇼펜하우어는 헤겔 사후에야 비로소 철학의 최고봉에 오르게 된다. 헤겔의 정신철학에 반하여 셸링과 쇼펜하우어는 실존철학의 토대를 구축했다는 평가를 받고 있다.

쇼펜하우어는 1833년에 프랑크푸르트에 정착하여, 유럽 문학과 과학에 대하여 폭넓게 연구했다. 1836년에 『자연에서의 의지에 대하여』를 펴냈다. 그의 주저가 나온 지 18년 만이었다. 이 시기에 그는 생리학, 해부학, 언어학, 천문학, 중국철학, 텔레파시와 마술에 이르기까지 폭넓은 지식을 섭렵하였다. 1839년에 쇼펜하우어는 「인간 의지의 자유에 대하여」라는 저술로 노르웨이 트론트하임 과학원의 논문상을 수상하였다. 이어서 그는 1840년 왕립 덴마크 과학원의 현상논문 모집에 「도덕의 기초에 대하여」를 제출하였으나 안

타깝게도 탈락하고 말았다. 칸트에 대해서는 존경감을 표시했으나 피히테, 셸링, 헤겔과 같은 당대의 주요 사상가들에 대하여 매우 불경한 언사를 쓴 것이 화근이었다. 이 두 논문은 1841년에 『윤리학의 두 근본 문제』라는 제목으로 출판되었다.

그 후 쇼펜하우어는 자신의 주저를 보완하고자 했다. 드디어 1844년에 50개의 장을 추가하여 두 책으로 된 『의지와 표상으로서의 세계』 제2판이 출판되었다. 특히 첫째 책의 제4권에서 "삶의 허무와 고통", "삶에의 의지의 부정에 대한 교설" 등이 보충되었다. 1847년에 예나대학의 박사학위 청구 논문을 확장하여 출판했다. 1848년 프랑스혁명 이후 쇼펜하우어의 염세주의와 금욕주의가 각광을 받게 되었고, 1851년에 두 책으로 된 그의 대표적인 에세이집 『소품과 부록』을 출판하였다. 쇼펜하우어는 그의 생애의 마지막 10년 동안 강인한 성품과 탁월한 문장력을 겸비한 독일의 대표적인 철학자로 자리매김되었다. 그에 따라 1859년에 그의 주저 3판을 발행하는 등, 삶에 대한 그의 에세이들이 베스트셀러로 오르게 된다.

2. 쇼펜하우어의 사상 개요

『의지와 표상으로서의 세계』에 나타난 쇼펜하우어의 주요 사상을 개략하면 다음과 같다. 먼저 그는 서문에서 그의 '고유한 사상'이 하나의 유기체와 같은 것이라고 말하면서, 그의 사상을 이해하려면 충족근거율에 관한 책을 먼저 읽어야 하고, 그다음에 칸트와 플라톤 철학, 그리고 고대 인도의 베단타사상을 알아야 한다고 강조하고 있다. 그가 칸트와 플라톤에 심취한 것은 괴팅겐대학에서 그를 지도했던 슐체 교수의 영향력 때문이었다.

쇼펜하우어는 이 책의 제1권§§1-16에서 "세계는 나의 표상이다"라고 선언한다. 여기에서 바탕이 되는 것은 칸트의 인식이론, 즉 선험적 관념론 철학이다. 칸트가 세계에 대한 우리의 지식을 '현상'이라고 규정한 것처럼 쇼펜하우어는 '표상'이라고 말했던 것이다.

플라톤과 칸트에서 공통점은 세계를 이데아(물자체)와 현상으로 분리하는 것이다. 플라톤이 그것들을 존재론적으로 구분한 반면에 칸트는 인식론적으로 구분하였다. 쇼펜하우어는 우리의 모든 인식은 세계에 대한 표상이라고 보았다. 이 점에서 그는 칸트와 일치한다. 여기에서 '표상Vorstellung'이란 '앞에 서 있는 것', 즉 '나의 주체에게 나타난 것'을 뜻한다. 칸트는 현상의 배후에 '물자체'가 존재한다고 가정했으나 그것들에 대한 인식은 불가능하다고 보았다. 그러나 쇼펜하우어에서 표상은 '의지가 객관적으로 드러난 것'이고, 이 경우에 '의지'는 칸트에서처럼 알 수 없는 어떤 것이 아니라, 모든 현상을 객관화하는 근거로서 가장 원초적이고 보편적인 것이다.

쇼펜하우어에 의하면 세계는 궁극적으로 맹목적이고 비인격적인 의지가 추동한 결과이다. 우리에게 나타나는 모든 표상은 '의지의 발현'이다. 우리의 신체도 역시 의지이며, 삶에의 맹목적 의지이다. 치아와 식도는 배고픔이 객관화한 것이고, 생식기는 성적 충동이 객관화한 것이다. 그러므로 이 세계의 모든 존재는 의지가 그 자신을 객관적으로 드러낸 것이다. 그런데 이처럼 표상을 통하여 의지가 객관화되는 과정에서 고통이 출현한다. 의지가 자기를 실현하려는 것, 즉 삶의 현상에서 고통은 필연적으로 나타나며, 따라서 고통은 모든 삶의 근본이다. 이러한 고통은 모든 존재 자체의 내부에서 발현하며, 그리하여 이 세계는 고통으로 가득 차 있다는 명제가 성립한다.

그렇다면 우리는 어떻게 고통으로부터 벗어날 수 있는가? 그것은 바로 나로부터 벗어남으로써 가능하게 된다. 자기 자신의 부정은 곧 개체화의 원리를 부정하는 것이고, 그것은 또한 마야의 베일, 즉 우주적 환상의 장막을 걷어내는 것을 뜻한다. 인간은 '나'라는 개체성의 환상에서 벗어날 경우에만 그 고통스러운 실존적 조건을 순간적으로 벗어나는 미적 관조의 순간을 경험할 수 있다. 그러나 이와 같은 관조의 기쁨은 개인의 완전한 무화無化가 이루어지기 전까지는 일시적인 진정제에 불과할 뿐이다. 따라서 고통으로부터 자신을 완전하게 해방하기 위해서는 삶의 의지 자체를 완전하게 소멸해야 한다.

개체적 자아에 대한 인식, 개체화의 원리는 마야의 장막이자 환상이다. 그 장막을 벗어나야만 자신과 타인을 구분하지 않고 자기를 희생하여 다른 사람의 고통에 함께 참여할 수 있게 된다. 전 세계의 고통과 재난을 자기 자신의 것으로 여기게 될 경우에 그는 어떤 고통도 피하려 하지 않을 것이다. 쇼펜하우어는 이를 '동고同苦, Mitleid'의 감정이라고 불렀으며, 이러한 생각은 대승불교의 보살사상과 일치한다. 나 자신에서 벗어난다는 것은 바로 내가 세계 그 자체라는 것을 의미한다. 이는 우파니샤드에서 "너는 그것이다"라고 기술한 것, 즉 아트만과 브라만의 일치(梵我一如)를 뜻한다.

개체화의 원리에서 벗어난 사람은 이제 삶을 긍정하거나 집착하지 않으며, 모든 향락을 거부하고, 다른 사람이 해를 가해와도 대항하지 않으며, 마음속에 더 이상의 분노나 욕망의 불씨가 타오르지 않게 할 수 있다. 이로써 쇼펜하우어는 기독교, 힌두교, 불교 등의 종교에서 모든 성인이 강조한 사랑, 연민, 동정, 정적주의, 금욕주의, 신성성 등과 같은 종교의 궁극적인 본질을 철학으로 이론화했다고 자부하였다. 생의 의지를 부정하는 것이 바로 이 모든 종교적 실천의 바탕이 되는 것이다.

이제 쇼펜하우어는 영원과 시간, 존재 자체와 실존을 구분함으로써 의지를 부정한 사람들의 사후 존재에 대한 독자적인 이해에 도달하고자 하였다. 죽음은 일시적인 실존이나 개별적 인식의 종언이다. 그러나 쇼펜하우어에 의하면 죽음은 우리 존재의 본질인 의지 자체를 훼손하지는 못한다. 죽음은 단지 시간이 지배하는 것에만 영향을 미칠 수 있다. 시작, 지속, 종말은 현상 세계에 속한 것이고, 따라서 죽음은 모든 개별 현상의 토대이자 사물 자체로서의 의지 자체에는 미치지 못한다. 그리하여 우리 존재의 은밀한 본질은 언제나 존재해왔고 앞으로도 계속 존재할 것이다. 죽음은 개체의 상실이고 탄생은 새로운 개체의 시작이지만, 의지는 그대로 머물러 있다.

따라서 쇼펜하우어는 인식 주체로서의 영혼이 윤회하는 것이 아니라 의지만이 윤회한다고 보았다. 의지는 새로운 탄생과 더불어 새로운 지성과 새로운 존재를 갖는다. 이것은 윤회보다는 재생이라는 표현이 더 적절할 것이다. 그리하여 쇼펜하우어는 새로운 탄생은 불멸의 의지 자체에 도달하려는 갈망의 표현이며, 여러 가지 형태의 탄생을 통하여 정제되다가 결국에는 완전한 부정의 방식으로 자기완성에 도달하게 된다고 보았다.

이처럼 나와 세계가 표상이고, 그 배후에 의지가 도사리고 있으며, 삶의 의지의 긍정은 고통을 유발하므로, 고통을 벗어나려면 의지의 완전한 부정을 통하여 동고同苦의 감정을 가져야 한다는 쇼펜하우어의 철학은 분명 불교의 중심사상과 일치한다. 그러나 1818년도 초판에서 쇼펜하우어는 불교에 대한 체계적인 지식을 갖추지 못한 것으로 보인다. 그럼에도 불구하고 그는 초판의 결론 부분에서 의지의 완전한 부정을 통하여 완전한 신성神性과 만날 수 있으며, 고통의 세계로부터 벗어날 경우에 남은 마지막 일은 무無 속으로 소멸하는 것이라고 언급하고 있다. 여기에서 신성과 무의 일치를 우리는 불교의 열반과 같은 것으로 독해할 수 있다.

3. 쇼펜하우어와 불교사상

쇼펜하우어는 특히 유럽의 불교 수용 과정에서 매우 중요한 인물로 평가받고 있다. 서양 최초의 '불교사상가' 또는 보다 엄밀한 의미에서 '불교적 사상가'로 불러도 좋을 것이다. 그러나 쇼펜하우어의 비관주의적 세계관으로 인하여 서양인들이 불교에 대한 편견을 갖게 된 것도 사실이다. 그의 사상체계가 놀라울 정도로 불교와 일치하였기 때문에, 많은 사람은 그를 '불교철학의 해설자' 혹은 '불교적 염세주의자'로 부르기도 했다. 특히 르네 게농은 쇼펜하우어의 제자 하르트만과 다른 유럽 학자들이 염세주의와 불교를 동일한 것으로 다룸으로써 '불교적 염세주의'라는 개념이 정착되었고, 이로부터 불교의 무아사상과 쇼펜하우어의 극단적 비관주의 사상을 동일한 것으로 오해하게 되었다고 지적한다.

그와 반대로 로제 폴 드루아와 르네 지라르는 불교와 쇼펜하우어의 차이를 강조하였다. 불교가 실존적 한계를 진단하고 치유하는 치료술인 반면에, 쇼펜하우어의 의지부정론은 삶의 치유보다는 삶의 포기를 권장하는 염세주의이고, 또한 불교가 상견常見과 단견斷見의 극단을 회피하는 중도주의인 반면에, 쇼펜하우어는 생의 의지를 일방적으로 폐기하는 극단주의를 선호한다는 것이다. 비록 쇼펜하우어가 낭만주의를 유대-기독교적 굴레에서 해방시켜 '신 없는 종교', 즉 무신론적 신비주의에 도달하게 하였지만, 이 같은 사실에서 쇼펜하우어와 불교의 차이는 엄존한다.

쇼펜하우어는 죽기 몇 해 전에 벽난로 위에 있는 세익스피어, 데카르트, 칸트, 괴테의 조각상 옆에다가 붓다상도 함께 놓았다고 한다. 그렇다면 쇼펜하우어는 불교를 어떻게 접하였으며, 어느 정도까지 자신의 철학에 반영한 것일까? 쇼펜하우어가 불교사상을 바탕으로 자신의 철학을 수립하였는지, 아니면 불교를 알지 못한 상태에서 독창적으로 불교와 비슷한 사유체계에 이르렀는지에 대해서 의견이 분분하다. 그의 대표작 『의지와 표상으로서의 세계』 초판(1819년)에는 불교에 대한 이해가 충분하게 나타나 있지 않으나, 3판(1859년)에서는 불교에 대한 해박한 이해가 개진되고 있는 점으로 보아, 그 중간에 불교에 대한 체계적 이해를 갖추었을 것으로 생각된다. 그의 초기 저작에서 힌두교의 가르침에 대한 기쁨은 발견할 수 있으나 불교에 대한 언급은 찾을 수 없다. 쇼펜하우어의 대표작이 나온 1818년 무렵의 유럽 지성계는 낭만주의 열풍에 젖어 있었다. 유럽의 계몽주의자들이 중국사상에 심취했던 것과는 대조적으로 낭만주의자들은 인도사상에 열렬히 반응했던 것이다.

사실 쇼펜하우어가 접한 것은 불교보다는 인도 베단타사상이었다. 불교는 제2판(1844년)이 간행될 무렵에 유럽에 활발하게 소개되기 시작하였다. 쇼펜하우어가 즐겨 읽었던 뷔르누프의 『인도불교사 입문』과 하디의 『불교입문』이 출판되었으며, 이어서 생틸레르의 『붓다와 그의 종교』가 간행되었다. 따라서 쇼펜하우어는 제3판에서야 비로소 불교의 영향을 체계적으로 반영할 수 있었을 것이다. 쇼펜하우어는 여기에서 불교를 다른 종교보다 훨씬 출중한 것으로 평가하였으며, 불교 교리가 자신의 핵심 명제들을 확립하는 데 큰 도움이 되었다고 밝혔다.

쇼펜하우어와 불교사상은 전체적인 사상체계가 일치할 뿐만 아니라, 이론적인 세계 이해와 실천적인 지향가치 역시 매우 유사하다. 쇼펜하우어의 충족근거율은 칸트의 현상 세계를 작동시키는 근본 원리로 기능한다. 칸트가 구상한 직관형식과 범주와 도식들, 이성의 원리까지도 이 충족근거율에 함축되어 있다. 불교의 연기법 역시 존재의 생성소멸 등 세계 과정 일반을 규정한다. 쇼펜하우어의 충족근거율은 시간, 공간, 인과성과 같은 상상 가능한 모든 경험의 형식을 보편적으로 표현한 선천적 형식이다. 그의 철학의 목표가 세계의 시원을 규명하는 데 있지 않고 세계의 본질을 드러내는 데 있다면, 충족근거율이야말로 세계를 드러내는 선천적 형식이다. 불교에서의 연기법 역시 석가가 만든 것이라기보다는 그 자체로서 자연적으로 이미 주어져 있는 진리이다. 다만 진리를 증득한 자는 그 법을 깨닫고 이를 설파하게 된다. 쇼펜하우어는 주체와 객체, 주관과 객관, 자아와 세계의 관계를 분리하여 보지 않고 직접적인 파악(직관)의 형식으로 접근함으로써 칸트의 구성주의를 극복하고자 했다. 우리가 바라보는 객관적인 세계 전체는 어디까지나 주관이 규정한 것이며, 바로 그런 사실에서 세계는 선험적 관념성을 가지고 있는 것이다. 그러나 세계가 선험적 관념성을 가지고 있기 때문에 세계가 허위나 가상이라고 볼 수는 없다. 세계는 있는 그대로의 것이 있는 그대로 우리에게 나타난 표상이다. 표상은 주관이 객관을 구성한 것이 아니고, 주관적인 것도 객관적인 것도 아니다. 표상은 그 둘의 공통적인 연대이며, 그것을 가능하게 한 것이 바로 충족근거율이다.

충족근거율은 현상적인 세계, 즉 표상으로서의 세계가 물 자체인 의지가 객관화한 현상이라는 점을 확인시켜 준다. 불교의 연기설도 지금까지의 세계 이해가 잘못된 형이상학에 기초하고 있다는 사실을 보여주면서도 마야Maja, 假象로서의 존재 사실이 특정한 존재론적 근거를 갖고 있다는 사실을 제시한다. 물자체로서의 의지가 표상의 존재론적 근거인 것처럼 제일의제(진제)는 세속제의 존재 근거로 기능하고 있다. 쇼펜하우어의 표상존재론과 불교의 연기존재론의 공통적인 근거 지평은 주객, 자타의 미분적 통일성에 있다. 그 두 가지 극은 분리된 것이 아니고 긴밀한 불가분적 관계성을 특징으로 한다. 만일 이 둘 중에서 하나를 제거하면 다른 하나 역시 존립할 수 없게 된다. 표상에 의하지 않고서는 의지의 객관화가 불가능한 것처럼 세속제를 통하지 않고서는 제일의제에 도달할 수 없다. 그러므로 세계는 나의 표상이고 연기는 공空이라는 명제가 성립하는 것이다. 세계 존재 사태는 오직 주관에 의해서만 존재한다.

세계는 표상이다. 표상으로서의 세계는 객체와 주체를 전제한다. 주체는 표상하는 모든 존재자 속에 전체로서 분리되지 않은 채로 존재하면서, 어느 하나만으로도 현존하는 수백만 개보다 완벽하게 표상의 세계를 객체로서 완전히 보완한다. 그러나 그 유일한 하나가 사라진다면, 표상으로서

의 세계는 더 이상 존재하지 않을 것이다. 세속제와 제일의
제도 상호적인 관계에 있다. 이것이 없으면 저것이 없는 것
과 같이 세속제가 없으면 제일의제도 없는 것이다. 그러므
로 공과 연기는 같은 것이며, 주체와 객체, 표상과 의지도
같은 것이다. 한쪽을 제거하면 세계는 그 자취를 감추게 될
것이다. 여기에서 쇼펜하우어의 '고유한 사상ein einziger Gedanke'
이 체계를 드러내고, 연기법으로 드러난 법계가 연출된다.

4. 프로이트의 선구자로서의 쇼펜하우어

현대에 이르러서 쇼펜하우어의 철학을 재발견한 인물은
미국의 실존주의 심리치료학자 얄롬이다. 그는 『쇼펜하우
어, 집단심리치료』[4]에서 쇼펜하우어의 철학을 심리치료의
방편으로 삼았는데, 그가 이런 생각을 갖게 된 것은 사프란
스키의 쇼펜하우어 자서전 『쇼펜하우어와 그의 맹렬했던
철학적 활동기』[5]와 매기의 『쇼펜하우어의 철학』[6]과 『철학자

4　이혜성 외 역, 시그마프레스 2006, *The Schopenhauer Cure*, 2005.
5　*Schopenhauer und die wilden Jahre der Philosophie. Eine Biographie.*

의 고백』[7]에서 영감을 받았기 때문이었다.

알롬에 앞서서 쇼펜하우어의 심리학적 위상을 강조한 사람은 독일의 문호 토마스 만이다. 그는 1929년 노벨문학상 수상작 『부덴부로크 일가』를 발표했으며, 『쇼펜하우어, 니체, 프로이트』[8]에서 쇼펜하우어를 '의지의 철학자이자 심리학자'로 규정하였다 쇼펜하우어, 니체, 프로이트, 27. 토마스 만의 이 책에는 「현대 정신사에 있어서 프로이트의 위치」, 「프로이트와 미래」, 「쇼펜하우어」 등의 원고를 수록하고 있다.

"의지에 관한 심리학자인 쇼펜하우어는 모든 현대 영혼학 moderne Seelenkunde의 아버지이다. 영혼학적 발전의 일직선은 그에게서 출발하여 니체의 심리학적 극단주의를 경유하고는, 프로이트와 그 밖의 심층심리학을 완성하여 정신과학에 적용한 사람들에게까지 이어진다"앞의 책, 77. 토마스 만은 쇼펜하우어와 정신분석학의 관계에 대하여 다음과 같이 증

Hanser, München 1988; Hamburg 1998.
6 *The Philosophy of Schopenhauer.* Oxford University Press, New York 1983.
7 *Confessions of a Philosopher*, Random House, 1998.
8 *Schopenhauer, Nietzsche, Freud*, 원당희 역, 세창미디어, 2009.

언하였다. "이와 같은 영혼학은 우리가 정신분석학이라고 부르는 것의 예비과정일 뿐만 아니라, 바로 정신분석학 그 자체의 성격이기도 하다. 근본적으로 모든 심리학은 정신과 충동 사이의 번거로운 관계를 벗겨내는 작업인 동시에 이에 대한 아이러니하면서도 자연주의적인 세밀한 관찰이다"앞의 책, 78. "나는 프로이트에 관한 비엔나 강연에서 쇼펜하우어의 침울한 '의지'의 왕국이 바로 프로이트가 '무의식적인 것das Unbewußte', '그것Es'이라고 칭한 것과 전적으로 동일하다고 지적한 바 있다. 다른 한편 쇼펜하우어의 '오성'은 프로이트의 자아das Ich, 외부세계로 전향한 이 영혼의 부분과 완전히 일치한다"앞의 책, 79.

토마스 만은 1936년 5월 8일 빈에서 프로이트 탄생 80주년을 기념하는 '정신치료학회' 연설, "프로이트와 미래"를 통하여 "무의식의 심리학자 프로이트는 쇼펜하우어와 입센이라는 19세기 정신적 대변자들의 후예로서 그 세기의 한가운데서 태어났습니다"앞의 책, 149. 그리고 "프로이트의 '무의식'과 '자아'에 관한 서술은 쇼펜하우어의 '의지'와 '오성'에 관한 서술과 동일하며, 또한 그것은 쇼펜하우어의 형이상학을 심리학적인 것으로 번역한 것이 아니겠습니까?"앞의 책, 153라고 강조했다. 쇼펜하우어의 사고는 "심층심리학의 구상에 대한 전조, 그에 앞선 철학적 선취"앞의 책, 154라는 것이다. 토마스 만의 쇼펜하우어 수용에 대한 광범위한 연구로는 렌트의 책이 있다.[9]

굳이 토마스 만의 지적이 아니더라도 쇼펜하우어의 사상은 그의 제자 하르트만의 '무의식의 철학'으로 계승되었으며, 니체와 프로이트를 통하여 정신분석학의 형성에 결정적인 역할을 한 것으로 평가할 수 있다. 그럼에도 불구하고 쇼펜하우어와 니체, 그리고 하르트만에 대한 프로이트의 인용은 매우 인색하다.[10]

---

9 Edo Reents, *Zu Thomas Manns Schopenhauer-Rezeption.* Würzburg: Königshausen & Neumann, 1998.

10 Sigmund Freud, *Gesamtregister*, in Gesammelte Werke, Fischer, Frankfurt 1968, S.1067 (Schopenhauer), 1061 (Nietzsche), 1047 (Eduard von Hartmann).

제2장
『의지와 표상으로서의 세계』의
「서문」과 '서론'

1. 쇼펜하우어의 「서문」: 이 책의 독서 요령에 대하여

쇼펜하우어는 『의지와 표상으로서의 세계』 초판, 재판, 3판의 「서문」을 작성했는데, 특히 초판 「서문」에서 그는 독자들이 자신의 책을 읽을 때 유의할 점을 기술하고 있다. 쇼펜하우어는 이 책이 자신의 '고유한 사상ein einziger Gedanke'[11]을 제시하는 것이라고 강조하면서 이렇게 말했다. "한 사상 체계는 언제나 건축학적 관계를 가져야 한다. 즉, 한 부분이

11 홍성광은 이를 '단 하나의 사상'이라고 번역했다

다른 부분을 떠받치지만, 후자는 전자를 떠받치지 않으며, 결국 초석은 다른 것들로부터 떠받쳐지지 않으면서 모든 것을 떠받치고, 꼭대기는 아무것도 떠받치지 않으면서 모든 것으로부터 떠받쳐지는 그런 관계를 가져야 한다. 반면에 고유한 사상은 그것이 아무리 포괄적이라 하더라도 더할 나위 없이 완벽한 통일성을 유지해야 한다"WWV1, Vorrede, 7; 1판 서문, 8. 쇼펜하우어는 누구든지 자기의 사상을 온전히 이해하고자 한다면 꼼꼼하게 '두 번'8; 8을 읽어야 한다고 말한다. 그렇게 해야만 앞과 뒤, 그리고 전체적인 일관성을 파악할 수 있을 것이라고 보았다. 이것이 바로 쇼펜하우어가 독자들에게 말한 첫 번째 요구이다.

쇼펜하우어는 자신이 제시하는 '고유한 사상'은 플라톤, 칸트, 고대 인도사상이라는 세 가지 초석 위에 구축한 '건축학적 체계'이며, 그것은 인식론(제1권), 형이상학(제2권), 예술과 미학(제3권), 윤리학(제4권)이라는 네 가지 주제로 펼쳐져 있다. 그는 우리에게 '표상'으로 나타난 세계가 그 자체로는 '의지Wille'라는 사실을 강조했다. 개체화의 원리에 따라서 우리에게 그때마다 다른 여러 가지 방식으로 드러나는 모든 현상은 근본적으로 동일한 의지의 사태에 불과한 것이다. 칸트가 현상의 배후에 설정하였던 물자체를 쇼펜하우어는 의지라고 규정했는데, 그것의 실제 모습은 삶에의 맹목적 충동이다. 이러한 의지는 모든 인간에게 필연적으로 고통을 수반하는데, 우리가 이를 극복하기 위해서는 자신의 의지를 부정해야 한다. 그는 세계의 고통에서 벗어날 수 있는 유일한 비답秘答을 '의지의 부정'으로 제시한 것이다.

쇼펜하우어가 독자들에게 당부하는 두 번째 요구는 자신의 책을 두 번 읽기 전에 이 책의 '서론Einleitung'부터 읽어야 한다는 것이다S.9; 10. 여기에서 말하는 '서론'이란 1813년의 박사학위 논문『충족근거율의 네 가지 뿌리에 대하여』를 말한다. 그는 자신의 박사논문이 그가 제시한 '고유한 사상', 즉 '체계철학'의 '서론'이므로, 그것을 읽지 않고서는 결코『의지와 표상으로서의 세계』를 이해할 수 없을 것이라고 말했다. 충족근거율이란 어떤 것이 존재한다면 그것이 그렇게 존재할 수밖에 없도록 규정하는 필요 충분한 조건을 말한다. 그것은 플라톤의 이데아, 아리스토텔레스의 네 가지 원인들(형상인, 질료인, 작용인, 목적인), 라이프니츠의 충족근거율,

그리고 불교의 연기법緣起法과 같은 맥락을 가지고 있다. 쇼펜하우어는 근거율der Satz vom Grunde의 본질과 의미, 그 적용 한계를 완전하게 알아야 하고, 모든 세계는 이 원리에 의한 필연적인 결과이고, 모든 대상 역시 언제나 그것을 규정하는 주관의 인식 대상이라는 사실을 보여주었다. 그리하여 충족근거율은 표상으로서의 세계를 가능하게 한다. 그러나 바로 이런 사실에서 충족근거율은 태생적인 한계를 드러낸다. 충족근거율은 어떤 형태를 갖더라도 인식형식에 지나지 않으며, 따라서 이 원리의 타당성은 표상이나 현상, 즉 의지가 가시적으로 된 것에만 미칠 뿐이고, 의지 그 자체에는 미치지 못한다. 이는 칸트에서 인과성의 법칙이 경험적 지각의 범위 안에서만 작동하고, 사물 그 자체에는 적용할 수 없다는 이치와도 비슷하다.

또한 쇼펜하우어는 독자들에게 자신의 고유사상을 이해하려면 "칸트의 주요 저서들을 읽어야 한다"10; 12고 세 번째 요구를 피력하였다. 그는 독자들이 칸트철학을 알고 있으며, 또한 동시에 이 책의 부록으로 실린 "칸트철학 비판"12의 내용도 미리 알고 있다고 전제하고서 그의 고유사상을 전개

했다고 말한다. 이처럼 쇼펜하우어는 제1권 "표상으로서의 세계"를 칸트철학에 근거하여 서술하고 있다. 또한 그는 칸트 이외에도 플라톤주의 철학과 산스크리트 문학, 특히 우파니샤드와 베다에 나타난 '고대 인도의 신성한 지혜'도 함께 공부할 것을 권고하고 있다WWV1, 11; 13-15. 쇼펜하우어는 자신의 사상을 우파니샤드에서 발견할 수는 없겠지만, 우파니샤드를 이루는 하나하나의 단편적인 말들 모두가 자신이 제시한 '고유한 사상'에서 결론으로 이끌어낼 수 있다고 주장했다11-12; 15.

이상에서 쇼펜하우어는 그의 독자들에게 자신이 제시한 '고유한 사상'을 완전하게 이해하려면 적어도 두 번을 읽어야 하고, 그 전에 자신의 박사논문을 읽고서 충족근거율이 무엇인지를 이해해야 하고, 그리고 다시 칸트, 플라톤, 우파

---

12 Anhang: Kritik der Kantischen Philosophie, 559-715; 한국어판에서는 이 부록을 수록하지 않았으나, 최재희의 논문 「쇼펜하우어의 칸트철학비판의 고찰」(『김계숙박사 고희기념논총』, 서울대학교 사범대학 사회과 동문회, 1975)에서 주요 내용을 파악할 수 있다. 이 글은 나중에 최재희 역저, 『실천이성비판』, 박영사 1975(부록: 순수이성비판 연구, 565-593); 최재희 저, 『칸트의 순수이성비판 연구』, 박영사, 1978(1), 1983(2)에 재수록되었다.

니샤드와 베다를 알아야 한다고 강조했던 것이다.

쇼펜하우어는 『의지와 표상으로서의 세계』를 출판한 지 25년이 지난 1844년에서야 비로소 재판을 발행할 수 있었으며, 그로부터 또다시 15년이 지나서 3판을 간행하게 된다. 1843년에 쇼펜하우어는 초판(제1권)을 대폭 보완한 『의지와 표상으로서의 세계』 제2권(속편)을 원고료 없이 750부 간행하였다. 제1권에 17개의 장, 제2권에 11개의 장, 제3권에 11개의 장, 그리고 제4권에 11개의 장, 총 50개의 장이 추가되었다. 특히 제1권의 4부에서는 "삶에의 의지의 긍정에 대하여45. Von der Bejahung des Willens zum Leben", "삶의 허무와 고통46. Von der Nichtigkeit und dem Leiden des Lebens", "삶에의 의지의 부정 이론에 대하여48. Zur Lehre von der Verneinung des Willens zum Leben" 등이 보충되었다. 1844년에 쇼펜하우어는 제1권의 재판 500부를 원고료 없이 간행하였다. 그리고 1847년에는 예나 대학의 박사학위 청구 논문을 대폭 수정 보완한 재판을 간행하였다.

제2판 서문에서 쇼펜하우어는 이 완성된 저서가 동시대인이나 동포를 위해서가 아니라 인류를 위하여 내놓는다고 선언했다2. Vorrede, 14; 18. 쇼펜하우어는 자신의 철학이 칸트에서부터 시작된다는 사실을 재차 강조하면서 선천적으로 부여받은 지성의 근원적 규정에서 유래하는 실재론을 극복할 수 있는 것은 칸트철학뿐이라고 주장한다. 그가 '그런 사태의 가상der Schein solcher Sache'이 세상에서 득세하고 통용될지 모르지만 '사태 자체die Sache selbst'는 그 자신을 위해 추구되어야 한다고 말했을 때14; 19, 그의 비판이 향하는 곳은 당연히 칸트가 새롭게 정립한 철학을 개인이나 국가의 '단순한 당파적인 목적'을 위한 도구로 전락시켜버렸던 철학자, 즉 "20년 동안 가장 위대한 철학자라고 떠벌려왔던 헤겔과 같은 정신적 괴물"이었다15-18; 19-24. 쇼펜하우어가 보기에 헤겔은 '허풍과 협잡'으로 세인의 존경을 구걸했을 뿐만 아니라, 철학을 '빵을 얻기 위한 생업'과 '궤변'으로 전락하게 했다. 그러나 쇼펜하우어 자신은 이 책에서 지난 25년 동안 아무것도 철회할 것이 없고, 30년이 넘도록 그의 고유한 사상과 신념을 일관되게 유지해왔다고 장담하고 있다.

또한 쇼펜하우어는 제1판 서문에서와 마찬가지로 칸트철학의 중요성을 재차 강조하면서, 칸트철학이 일으킨 변화를 ‘정신적인 재탄생eine geistige Wiedergeburt’이라고 불렀다. 쇼펜하우어는 오직 칸트의 철학만이 “생득적인 지성의 근원적인 규정에서 생겨난 실재론을 참으로 제거”할 수 있다고 보았다. 버클리나 말브랑슈도 제대로 해내지 못한 일을 칸트가 해냈다는 것이다S.21; 27. 쇼펜하우어는 칸트를 제대로 이해한 사람인가의 여부에 따라서 ‘성년’과 ‘미성년자’로 구분하면서, ‘칸트철학을 자기 것으로 만들지 못한 사람’, 특히 그가 지목한 ‘헤겔학파의 저서들’은 어처구니없을 정도로 칸트를 왜곡하면서 어린애 같은 실재론의 상태에 머물러 있다고 비난했다S.21-22; 27-28. ‘헤겔류의 허튼소리’로 왜곡되고 망가진 머리로는 칸트의 심오한 연구를 이해하지 못한다는 것이다. 그리하여 쇼펜하우어는 “칸트 자신의 저서가 아닌 어딘가에서 칸트철학을 찾는다는 것은 헛된 일이다”라고 말한다S.22; 29. 헤겔이나 헤겔주의자들이 칸트에 대해서 쓴 글을 칸트의 사상이라고 믿지 말라는 것이다. 이처럼 초판에서 그가 보인 칸트에 대한 존경심은 재판 서문에서도 그대로 나타나 있다. 그러나 헤겔에 대한 비판의 강도는 훨씬 더 높아졌다. 그는 칸트의 이성비판Vernunftkritik이야말로 ‘모든 철학의 주된 테마'여야 한다고 강조했으며, 자신의 철학에는 강단철학Kathederphilosophie의 필수 요소인 헤겔류의 사변신학spekulative Theologie을 결여하고 있다고 선언한다S24; 31. 그리하여 쇼펜하우어는 그 시대의 철학자들이 필수적이라고 믿었던, "직접적이고 절대적으로 인식하고 관조하거나 또는 인지하는 이성에 대한 허구"24; 31를 결코 인정하려고 하지 않았다. 그는 이처럼 당시의 대학철학 혹은 강단철학에 역행하는 자신의 철학이 의미 있게 논의되려면 '전혀 다른 시대ganz andere Zeiten'가 와야 할 것이라고 말한다25; 32. 이와 함께 그는 자신의 책이 "어느 시대에나 아주 독특하고 은밀하며, 느리지만 강력한 영향을 미치는 진정한 작품"이라고 자부하였다26; 33-34.

1859년에 간행한 제3판의 서문은 매우 간략하다. 제2판에다 136쪽을 증보하면서 칸트의 현상과 물자체라는 개념 구분을 수용하였으나, 표상으로서의 현상세계와 의지로서의 물자체의 세계에 동등하게 정체성을 부여하여 칸트를 넘어서려고 하였다. 또한 그는 자신의 철학 체계서술을 보완하는 의미에서 이름을 붙인 『소품과 부록』에 대하여 언급했다. 쇼펜하우어는 1850년에 이 책을 원고료 없이 출판해줄 것을 세 출판사에 의뢰했지만 모두 거절당하고, 프라우엔슈테트의 주선으로 A. W. 하인 출판사에서 발행할 수 있었다. 1852년에 이 책에 대한 열광적인 찬사가 소개되면서 쇼펜하우어의 인기가 치솟기 시작했다.

2. 쇼펜하우어 고유 사상의 건축술적 요소들

쇼펜하우어는 서른 살에 그의 주저 『의지와 표상으로서의 세계』를 세상에 내놓았다. 그리고 초판 서문에서 이 책에 저술한 내용들이 자신의 유일하고도 독자적인 '고유한 사상'임을 강조하면서, 독자들에게 아주 특별한 요구를 제시하였다. 자신의 사상을 잘 이해하려면 두 번 읽어야 하고, 책을 읽기 전에 자신의 박사논문과 칸트, 플라톤, 그리고 우파니샤드와 베다를 먼저 이해해야 한다는 것이다. 그가 매우 많은 것을 요구하는 것처럼 보이지만, 사실은 우리에게 보이는 것과 그 자체로 있는 것 사이의 연관성에 대한 문제사를 사전에 이해하라는 것에 지나지 않는다. 그가 박사논문에서 다룬 문제는 바로 충족근거율이다. 존재하는 모든 것은 그것이 그렇게 존재할 수밖에 없는 필연적인 이유와 근거를 갖는다는 것이다. 플라톤, 칸트, 그리고 우파니샤드와 베다, 심지어 불교의 연기설까지도 이 문제 지평과 다르지 않다.

쇼펜하우어가 가장 중요하게 생각한 것은 칸트철학, 그것도 인식의 문제를 다룬 『순수이성비판』이다. 칸트는 이 책에서 객관적으로 타당한 경험, 즉 이론적 지식의 가능성 조건을 다루고 있는데, 이를 위하여 우리의 인식능력인 '이성'의 비판을 시도하였다. 인식활동을 함에 있어서 이성은 세 가지의 중요한 기능을 하고 있는데, 그 역할에 따라서 칸트는 직관Anschauung, 오성(지성)Verstand, 이성Vernunft으로 나누어 설명한다. 직관은 감성적 지각을 주도하는 데 필요한 시간과 공간의 형식이다. 우리 밖에 있는 모든 것은 일차적으로 직관 형식에 의하여 포착된다. 그것이 곧 감각자료들이다. 이에 대해서 논리적으로 개념화 작용을 하는 것은 오성(지성)이다. 칸트에서 경험이란 외부에서 주어진 감각자료들에 대하여 오성이 논리적 질서를 부여함으로써 얻어진다. 이렇게 얻어진 경험은 객관적으로 타당성을 갖는다. 이성은 개별적인 경험들에 대하여 통일성을 부여하는 역할을 한다. 이성은 영혼, 세계, 신이라는 세 개의 '선험적 이념'을 대상으로 가지는데, 이러한 대상 개념들은 우리가 현실적으로 그 존재를 증명하거나 부정할 수 없는 특징을 가지고 있는 '초월적 가상'이다. 이성의 대상 개념들과 오성에 의한 경험의 근본적인 차이는 이성 사용의 규제적 원리, 즉 이성이 감성의 한계 안이라는 조건 속에서 기능하고 있는가에 따라서 드러난다. 칸트는 이론적 지식이 성립할 수 있는 조건을 감성적인 것과 지성적인 것 사이의 종합으로 규정한 것이다. 그런데 이렇게 우리에게 드러난 객관적 지식은 물자체가 우리에게 드러난 '현상'에 다름이 없다. 이로써 칸트철학에서 우리가 세계에 대하여 가지고 있는 지식은 세계 그 자체가 아니라 세계가 우리에게 드러난 현상일 뿐이다. 쇼펜하우어는 플라톤 철학과 고대 인도사상, 즉 우파니샤드와 베다 역시 우리가 마주하는 세계가 세계 그 자체가 아니라 세계의 현상, 엄밀하게 말하면 가상에 지나지 않는다는 것을 보여준다고 생각하였다.

쇼펜하우어는 『의지와 표상으로서의 세계』 초판에서 네 부분으로 나누어 책을 기술하고 있는데, 그 각각의 주제는 인식론, 형이상학, 예술과 미학, 윤리학이다. 제1권은 "표상으로서의 세계, 첫 번째 고찰"(1-16장)인데, 칸트철학에 기반을 두고 우리, 즉 주체에 드러나는 객관 세계, 즉 '표상Vorstellung'의 문제를 다룬다. 표상은 칸트에서는 '현상Erscheinung'으로 불리었다. 제2권은 "의지로서의 세계, 첫 번째 고찰"(17-29장)인데, 표상의 아래에 주관과 관계없이 그 자체로 존재하는, 이른바 칸트가 '물자체Ding-an-sich'라고 불렀던, '의지Wille'의 문제를 다루고 있다. 제3권은 "표상으로서의 세계, 두 번째 고찰"(30-52장)인데, 플라톤의 이데아론에 근거하여 예술의 문제를 다루고 있다. 그리고 그의 사상의 결정적인 부분이기도 한 제4권은 "의지로서의 세계, 두 번째 고찰"(53-71장)인데, 의지 긍정과 의지 부정의 방식을 통하여 도덕과 윤리의 가능성 문제를 다루고 있다.

3. 『충족근거율의 네 가지 뿌리에 대하여』

쇼펜하우어에 의하면 『충족근거율의 네 가지 뿌리에 대하여』는 『의지와 표상으로서의 세계』의 '서론'에 해당한다.

이 책은 쇼펜하우어가 1813년(26세)에 예나대학에 제출한 박사학위 논문을 1847년(60세)에 다시 수정 증보하여 출판한 것이다. 재판의 분량은 초판의 두 배 정도로 불어났다.

그렇다면 충족근거율이란 무엇인가? 그것은 '모든 학문(인식의 체계)의 기초'이고 '그 자체로 확실한 진리'로서, 이미 수많은 철학자들에 의하여 단편적으로 언급되어 왔다. 충족근거율의 본질은 "왜?"라고 물을 수 있는 권리를 부여한다.[13]

플라톤은 『필레보스』와 『티마이오스』에서 "발생하는 모든 것은 필연적으로 어떤 원인에 의해 발생하며, 그것 없이는 발생할 수 없다"고 했다. 플루타르코스는 『운명에 대하여De fato』에서 "모든 것은 선행하는 원인에 따라 발생하며, 원인 없이는 아무것도 발생하지 않는다는 것"을 '가장 중요한 기본 원칙'이라고 단정했다. 아리스토텔레스는 『형이상학』4권 1장에서 사물이 존재하는 여러 이유에 대하여 설명하면서, "모든 원칙은, 그것을 통해 어떤 것이 있거나 발생하거나 인식되는 최초의 것이라는 공통성을 갖는다"고

---

13 김미영 역,『충족이유율의 네 겹의 뿌리에 관하여』, 나남, 2010, 45쪽.

말했다. 그는 『분석론 후서』1권 2장에서 질료인, 형상인, 작용인, 목적인으로 불리는 네 가지 원인들이 있다고 강조한다. "네 종류의 이유들이 있다. 첫 번째 이유는 사물의 본질을 형성하는 것에서 성립한다. 두 번째 이유는, 그것이 있다면 (실체로서) 필연적으로 전제되어야 하는 것에서 성립한다. 세 번째 이유는 어떤 것을 최초로 움직이는 것에서 성립한다. 네 번째 이유는 그것을 위해 어떤 것이 있는 그것이다." 그의 4원인설은 스콜라철학자 수아레츠에 의해서도 수용되었다충족이유율, 18-19. 이상에서 볼 때 충족근거율은 어떤 것이 바로 그것이도록 규정하는 근거(원인, 이유)라는 것이 드러난다.

데카르트는 존재하는 모든 것에 대하여 그 원인을 물을 수 있으며, 그것은 신에 대해서도 타당하다고 했다. 그런데 그는 여기에서 신이 존재하기 위하여 어떤 원인을 요구하기 때문이 아니라, 신의 본성인 무한성이 바로 그것이 존재하는 원인 또는 이유라고 말했다. 이것은 곧 '자기원인Causa sui' 이라는 것이다. 쇼펜하우어는 데카르트가 여기에서 인식 근거를 원인을 요구하는 자리에 슬쩍 집어넣음으로써 혼란을 유발했으며, 이로부터 신의 현존에 대한 존재론적 논증의 길을 열었다고 말한다_{충족이유율, 25-26}. 또한 스피노자는 데카르트의 이러한 혼동에 기초하여 범신론으로 전개함으로써, 결국 실체로서의 신이 자기원인이고 동시에 세계라는 주장을 펼쳤다_{충족이유율, 32}. 쇼펜하우어에 의하면 라이프니츠야말로 "처음으로 근거율이 모든 인식과 학문의 핵심원칙이라고 공식적으로 주장"한 인물이다_{충족이유율, 35}. 그러나 그 역시 인식근거와 원인 작용의 근거를 분명하게 구분하여 설명하지는 않았다. 이 둘에 대한 구분은 볼프를 거쳐서 칸트에 이르면서 분명하게 이루어진다. 그것은 특히 "왜 그것이 존재하고 오히려 존재하지 않는 것이 아닌가에 대한 근거 없이는 아무것도 존재하지 않는가?"라는 볼프의 명제에서 가장 분명하게 제시되어 있다. 볼프는 "자신 안에 다른 것을 위한 근거를 함축하는 것을 원리"라고 부르면서, 그것을 생성원리(원인), 존재원리, 인식원리로 구분했다_{충족이유율, 36}. 볼프에게 생성원리는 "다른 어떤 것의 현실성을 위한 근거"이고, 존재원리는 "다른 어떤 것의 가능성을 위한 근거"이지만, 쇼펜하우어는 볼프의 존재원리를 인정하지 않았다.

쇼펜하우어에 의하면 칸트는 "모든 명제는 그것의 이유를 가져야 한다"는 인식의 논리적 원칙을, "모든 사물은 그것의 이유를 가져야 한다"는 선험적 원칙과 구분함으로써, 인식 근거와 원인 근거를 처음으로 정확하게 구분했다충족이유율, 40. 칸트주의자들은 논리적 근거('인식근거'로서 '사유의 원칙')와 실재적 근거('원인'으로서 '경험의 원칙')를 구분하고, 충족근거율은 논리학에, 그리고 인과율은 형이상학에 속하는 것으로 보았다. 우리는 경험을 통하여 세상을 파악할 수 있다. 이때의 세상은 실재가 아닌 현상, 관념, 표상으로서의 세계이다. 경험세계가 현상의 세계라고 보는 점에서 쇼펜하우어는 칸트와 같은 입장이다. 경험, 또는 현상이란 우리의 마음속에 주어진 상像, 즉 '심적 표상'이다. 그는 칸트의 시간과 공간 형식을 물체들이 개체화하는 원리로 수용하는 한편, 12개의 범주는 인과성이라는 하나의 범주, 즉 충족근거율로 단순화하였다. 이는 존재하는 모든 것은 반드시 그 존재의 이유와 근거를 충분히 가지고 있다는 원리이다. 쇼펜하우어는 칸트가 『순수이성비판』의 선험적 분석론, 즉 감성론에서 다루었던 객관적으로 타당한 '경험'의 산출의 문제로부터 충족근거율의 뿌리를 발견하고 그것을 각각 네 가지 단계로 구분하였다. 쇼펜하우어는 우리에게 모든 객체란 주체에 드러난 객체, 즉 주체의 객체일 뿐이라고 천명한다.

외적 내적 감성(수용성)으로서, 그리고 오성과 이성으로서 나타나는, 인식하는 우리의 의식은 주체와 객체로 나누어지고, 그 외의 어떤 것도 함축하지 않는다. 주체에 대해 객체라는 것과 우리의 표상이라는 것은 동일하다. 우리의 모든 표상은 주체의 객체이고, 주체의 모든 객체는 우리의 표상이다. 그러나 이제 우리의 모든 표상은, 합법칙적이고 형식에 있어서 선천적으로 규정될 수 있는 결합 안에 서로 뒤섞여서 놓여 있다는 사실이 발견된다. 이 결합에 의해 어떤 것도 그것 자체로서 존재하는 것이거나 독립적인 것이 아니며, 또한 개별적이고 분리된 어떤 것도 우리에게 객체가 될 수 없다충족이유율, 47.

쇼펜하우어는 칸트의 선험적 관념론에서 "사물의 경험적 실재성과 선험적 관념성의 양립"을 보았다충족이유율, 53. 그는 칸트의 『순수이성비판』에서 모든 현상에 대한 선험적 관념론에서 그 현상은 모두 물자체가 아니라 단순한 표상이라고 이해했다. "공간은 그 자체로서 표상일 뿐이다. 따라서 그 안에 있는 것은 표상에 포함되어야 하며, 공간에는 그 안에서 실제로 표상되는 것 외에 아무것도 없다"^{"선험적 심리학의 제4 오류추리에 대한 비판", A369, B375}. "내가 사유하는 주체를 제거한다면, 모든 물체계는 없어진다. 물체계는 우리 주체의 감성에 있는 현상에 지나지 않으며, 주체의 표상들의 한 종류이기 때문이다"^{"오류추리의 결과에 따른 순수 심리학 전체에 관한 고찰", B383}. 칸트의 경우에 모든 인식은 주체에 나타난 객체의 현상일 뿐이며, 쇼펜하우어는 그것을 '표상'이라고 불렀다. 그리하여 '주체의 객체'라는 근본적인 사실로부터 쇼펜하우어는 생성, 인식, 존재, 행위라는 네 가지 유형의 충족근거율을 제시했다. 표상들의 첫 번째 단계의 주관적 상관개념은 '오성'이고, 두 번째 단계의 상관개념은 '이성'이며, 세 번째 단계의 상관개념은 '순수감성'이고, 네 번째 단계의 상관개념은 '내감' 혹은 '자기의식'이다^{충족이유율, 181}.

'생성의 충족근거율_{Satz vom zureichenden Grunde des Werdens, principium rationis sufficientis fiendi}'은 자연적인 사물의 생성에 관한 것으로서

'인과성의 법칙Gesetz der Kausalität'으로 나타난다충족이유율, 55. 어떤 존재 사물도 충분한 근거 없이는 생겨나지 않는다. 근거 없이 생겨난 것은 하나도 없다. 주체에 대하여 객체는 인과법칙이라는 충족근거율, 즉 생성의 충족근거율에 의하여 출현한다. 경험을 통하여 드러나는 실재적인 복합체에 대한 전체 표상은 그 안에서 객체들이 스스로 출현한 것이며, 그 때문에 그 상태들의 생성과 소멸은 시간의 흐름 안에서 '원인'과 '결과'라는 '잇따른 발생Erfolgen' 안에서 상호 연결되어 있다. 모든 작용 결과는 이전 상태의 것에 새로운 원인이 가해져서 변화를 일으킨 것이다. 그리고 그 작용 결과는 다른 상태에 새로운 변화를 유발하는 원인으로 작용하는데, 이 '인과성의 사슬Kette der Kausalität'이 어디에서 시작하는지는 아무도 모른다. 칸트에서 이것은 직관 형식인 시간(내감)과 공간(외감), 그리고 인과성의 법칙을 바탕으로 하는 오성의 내적 통일 작용과 관련이 있으며, 이로부터 경험적 실재성이라는 하나의 전체 표상을 만들어 내는 것이다. 그리하여 인과적으로 시간과 공간 속에 나타난 물질적 대상에 대한 우리의 인식은 생성의 충족근거율에 따른다.

'인식의 충족근거율_{Satz vom zureichenden Grunde des Erkennens, principium rationis sufficientis cognoscendi}'은 판단의 논리적 근거에 관한 것이다. 이것은 전적으로 인간에게만 주어진 특별한 인식능력인 이성으로부터 나온 '개념', 즉 '추상적 표상'에 관한 것이다_{충족이유율, 127}. 아리스토텔레스는 "보편자 없이는 지식이 불가능하다"_{형이상학 12권 9장}고 했는데, 이는 학문의 목적이 보편적인 것을 통하여 특수한 것을 인식하는 데 있다는 것을 보여준다_{충족이유율, 132}. 개념은 그 안에서 무수한 개개의 사물을 파악하기 때문에 '사물들의 총체' 또는 '표상들로부터의 표상'이라고 부르기도 한다_{충족이유율, 128}. 사유는 의식 안에서 추상적 개념들의 단순한 현존에 있는 것이 아니라, 판단 이론에서 논리학이 규정하는 수많은 한정과 변형을 통하여, 둘 또는 그 이상의 판단이 결합하고 분리하는 가운데 있다. 그처럼 분명하게 사유되고 진술된 개념의 관계들이 판단이다. 반성적 판단력은 구체적인 것이 그에 속하는 개념이나 규칙을 찾는 사유 능력이고, 규정적 판단력은 주어진 개념이나 규칙을 입증할 수 있는 구체적인 경우를 찾는 사유 능력이다. 이와 같은 판단력은 직관적 인식 방식과 추상적 인식방식, 또는 오성과 이성의 매개자이다충족이유율, 134. 그런데 판단이 인식을 표현하려는 충분한 근거를 가져야 하는데, 그것은 바로 그 판단의 술어는 참이어야 한다는 사실이다충족이유율, 136. 진리는 판단과 그 판단의 근거가 되는 다른 어떤 것과의 관계이다. 이 경우에 판단의 근거는 유형들의 의미 있는 다양성을 허용하고 있다. 그로부터 판단이 비롯하는 바로 그것은 언제나 존재하고 있기 때문에 근거Grund라는 이름이 적합하다. 쇼펜하우어는 이와 같은 인식근거를 이성Vernunft, ratio, the reason이라고 부른다. 판단은 다른 판단을 근거로 가질 수 있는데, 그로부터 '논리적(형식적) 진리'가 성립한다137. 경험, 즉 감각을 매개로 한 직관(표상)은 판단의 근거가 될 수 있는데, 이로부터 '경험적 진리'가 성립한다138. 오성과 순수감성에 놓여있는 직관적, 경험적 인식의 형식들은 '경험의 가능성 조건'으로서 판단의 근거가 될 수 있는데, 이로부터 '선천적 종합판단', 즉 '선험적 진리'가 성립한다139. 모든 사유의 형식들도 판단의 근거가 될 수 있으며, 이로부터 '모든 사유의 조건들'에 대한 '반성('이성의 자기탐구')', 즉 '메타논리적 진리'가 성립한다140. 쇼펜하우어는 키케로나 칸트를 따라서 예견, 증명, 반박, 설명, 성취, 추론의 능력을 가진 이성을 '원리와 추론의 능력'이라고 규정하고, 칸트 이후의 철학교수들(특히 '가장 뻔뻔스러운, 유명한 협잡꾼 헤겔')이 이성 개념을 왜곡한 사실에 대하여 질타했다145. 쇼펜하우어는 독일 관념론 철학에서 이성 개념의 왜곡이 극에 달한 데 대한 일단의 책임이 칸트 자신(예를 들면 칸트가 신, 불멸하는 영혼, 객관적으로 존재하는 세계 및 질서에 대한 표상을, 이론적으로 증명할 수도 없고 반박할 수도 없는 '이성의 이념'으로 변형한 사실에서)에게도 있다고 지적했다146.

'존재의 충족근거율Satz vom zureichenden Grunde des Seins, principium rationis sufficientis essendi'은 '완전한 표상들의 형식적인 부분', 즉 '선천적으로 주어진 외감과 내감의 형식인 공간과 시간에 대한 직관'과 관련이 있다. 쇼펜하우어는 순수직관으로서 시간과 공간 자체를 표상 능력의 대상으로 본다충족이유율, 165. 시간과 공간의 무한한 연장과 무한 가분성은 순수한 점과 선이나 마찬가지로 경험적으로는 생소한 순수직관의 대상이다. 그런데 시간과 공간의 모든 부분은 어떤 관계를 부여하는 성질을 가지고 있다166. 공간은 위치Lage, 시간은 순서

Folge에서 그러한 관계들이 드러난다. 이 관계들은 오성이나 이성이 단순한 개념을 매개로 파악할 수 없는 것이다. 상하, 좌우, 전후는 개념이 아니라 직관에 의해서만 파악할 수 있다. 그리하여 쇼펜하우어는 공간과 시간의 부분이 그 관계들에 의하여 서로 규정하는 법칙을 '존재의 충족근거율'이라고 불렀다. 이는 수학적 사태들의 연관에서의 존재 근거에 관한 것이다. 공간에서의 존재, 즉 점, 선, 면, 물체는 그것들이 다른 것들에 대해서 갖는 위치에 의하여 전체적으로 규정된다167. 이 원리의 적용이 기하학에서 그대로 나타난다169. 한편, 시간에서의 존재, 즉 계속 이어지는 연속 또는 순간은 그 이전의 순간이 규정하는데, 이 원리는 산술학에서 그대로 나타난다. 모든 수는 그 이전의 수를 자신의 존재근거로 전제한다168. 이런 사실들을 다시 정리하면 이렇다. 인식능력에 대하여 대상들이 드러나려면 시간과 공간이라는 외감과 내감의 형식이 있어야 한다. 인과성의 지성 형식이 의식 안에서 인식의 질료들과 더불어 있는 것과는 반대로, 시간과 공간은 순수직관으로서 전적인 표상들과는 다르고, 표상능력의 대상들과도 떨어져 있다. 시간과 공간의 모든 부분은 다른 것들과의 관계 속에 있으며, 그 각각의 부분들은 다른 부분들을 규정하고 제약하는 특성을 가지고 있다. 쇼펜하우어가 분류한 이 세 번째 대상들은 수학적인 것이고, 기하학과 수학에 대한 인간의 지식은 이 법칙의 지배를 받는다.

'행위의 충족근거율Satz vom zureichenden Grunde des Handelns, principium rationis sufficientis agendi'은 "내감의 직접적 대상인 의욕의 주체Subjekt des Wollens"와 관련된다충족이유율, 177. 이것은 바로 심리적인 영역에서의 동기에 관한 것으로서, 그 주체는 공간 속에서는 나타나지 않고 시간에서만 나타난다. 여기에서 인식이 이루어진 것은 오직 '의지Wille'이다. 따라서 주체는 '인식하는 것'으로서가 아니라 '오직 의욕하는 것Wollendes'으로서 인식한다178, 180. 욕구 또는 의욕의 주체는 자기의식에 직접적으로 주어져 있으므로, 의욕이 무엇인지를 직접 기술할 수 없다. 우리가 인지한 모든 결정에 대해서 그 이유를 물으며, 그로부터 행위 근거, 즉 '지금 수행하고 있는 행위의 동기das Motiv der jetzt erfolgenden Handlung'를 전제하고 있다는 사실을 알게 된다. 쇼펜하우어에 의하면 "동기는 내부에서 본 인과성이다"충족이유율, 183. 이처럼 주체와 그 의지 행위의 연관성에 대한 인간의 지식을 지배하는 원리를 '동기의 법칙Gesetz der Motivation', 즉 '행위의 충족근거율'이라고 한다. 인간이란 동기에 따라서 행위하며, 이 동기는 전혀 다른 매개체 안에서 전혀 다른 유형의 인식을 서술한다.

이 네 가지 유형의 충족근거율은 표상으로서의 세계를 구성하는 선천적인 원칙이다. 충족근거율은 모든 객관의 본질적인 형식, 즉 세계에 대한 인식 조건이다. 우리가 경험하는 세계는 충족근거율에 의하여 기술한 현상적 세계이며, 표상으로서의 세계, 즉 우리가 지각하는 객관 세계의 존재성은 세계를 지각하는 나의 정신에 의존하고 있다.

충족근거율은 스콜라철학에서처럼 영원한 진리가 아니라, 공간과 시간의 필연적 연관으로 나타나는 인과성 또는 인식근거의 법칙으로서 상대적이며 조건적인 현상에서만 타당하다. "세계의 내적 본질인 물자체는 결코 충족근거율을 실마리로 하여 발견되는 것이 아니고, 이 원리의 인도 하에 도달한 것은 모두 그 자신도 의존적이고 상대적인 현상에 불과하다. 더욱이 충족근거율은 주관에는 관계하지 않는 객관들의 형식에 불과하다. 이러한 객관들은 물자체가 아니다. 객관과 더불어 주관이 있고, 주관과 더불어 객관이 있으므로 단순히 근거에 대한 귀결로서 객관을 주관에 덧붙이거나 또는 주관을 객관에 덧붙일 수는 없다." 우리가 언제나 이미 전제하고 있는 선천적인 진리들은 다음과 같다. 표상하는 자(주체)에게 나타나는 표상(객체)은 바로 세계이다. 표상은 시간, 공간, 인과성의 형식들에 의하여 이루어진다. 시간, 공간, 인과성은 근거율의 일반적 원리로서 주체와 객체의 상호의존성을 전제로 한다.

이처럼 경험의 실재성empirische Realität은 인과성의 법칙에 근거를 두고 있다. 객체와 표상은 동일한 것이다. 직관적인 객체의 존재는 표상 작용이고, 그것이 사물의 현실성을 구성한다. 인과성으로 나타난 공간과 시간 속에서 직관이 이루어진 세계는 완전히 실재하고 있으며, 완전히 나타나 있는 그대로의 것이고, 오직 표상으로서 인과성의 법칙에 의하여 연관성을 가지며 나타난 것이다. 이것이 바로 세계의 경험적 실재성이다. 그러나 다른 한편 객관 세계 전체는 어디까지나 주관의 제약을 받고 있다. 그것은 선험적 관념성

transzendentale Idealität을 갖는다. 그러나 이것은 세계가 허위나 가상이라는 것을 뜻하지는 않는다. 세계는 있는 그대로의 것이며, 충족근거율을 공통적인 유대로 삼고 있는 표상이다.

제3장
제1권 표상으로서의 세계
(첫 번째 고찰: 충족근거율에 종속된 표상)

"벗이여, 유년기에서 벗어나 깨어나라!"

— 장 자크 루소, 『신 엘로이즈』

1. 개요: 경험과 학문의 대상

쇼펜하우어는 그의 주저 『의지와 표상으로서의 세계』에서 "세계는 나의 표상이다"라는 말로 시작하고 있다. 그러나 이 슬로건은 새로운 것이 아니다. 왜냐하면 그 이전에도 벌써 수많은 철학자가 세계를 인식 주체인 '나'에게 드러난 하나의 '상像'이라고 지적했기 때문이다. 버클리는 "존재는 지각esse est percipi"이라고 했으며, 흄은 인과성의 법칙까지도 경험적 습관에 지나지 않는다고 했다. 그리고 쇼펜하우어가 가장 존경했던 칸트 역시 세계는 나에게 인식으로 나타난

‘현상’에 지나지 않으며, 우리는 결코 사물 그 자체를 알 수 없다고 했기 때문이다. 그러므로 쇼펜하우어가 세계를 나, 주체, 우리의 ‘표상’이라고 했을 때, 그렇게 감탄할 필요는 없을 것이다. 쇼펜하우어 역시 세계는 우리에게 드러난 ‘경험의 총체’인 동시에 ‘주관에 대한 객관’이라는 것을 강조하고 있다. 따라서 세계의 실재성이란 감각적 지각에 의하여 주관에 새겨진 그림이자 표상일 뿐이다. 표상Vorstellung이란, 말 그대로 ‘앞에 서 있는 것’을 뜻한다.

그런데 모든 표상은 충족근거율의 원리에 따른다. 그것은 물체적 대상, 시간과 공간의 구조, 추상적 개념들 사이의 필연적인 관계를 규정하는 경험 대상과 과학의 원리이다. 쇼펜하우어는 표상을 ‘직관적 표상intuitive Vorstellung’과 ‘추상적 표상abstrakte Vorstellung’으로 구분한다.[14] 이러한 구분은 오성과 이성의 관계에서 드러난다. 직관적 표상은 동물과 인간에게 공통적으로 주어진 인지능력으로서 경험을 가능하게 하는

---

14 로버트 윅스는 그의 주석서에서 표상을 representation으로 번역하고, ‘직관적 지식(perceptional kowledge)’과 ‘추상적 지식(abstract kowledge)’으로 구분하고 있다. Wicks 2011, 32쪽.

감각의 선천적인 형식, 곧 시간과 공간(직관 형식), 그리고 인과성의 법칙(오성의 범주)에 의하여 나타난다. 직관과 오성은 사물이 시공간적, 인과적 연관관계 속에서 드러나는 과정을 포착한다. 이것은 쇼펜하우어가 첫 번째로 제시한 생성의 충족근거율과 관련이 있다. 그러나 추상적 표상은 인간만이 가지고 있는 능력이다. 쇼펜하우어는 동물은 추상적 개념 능력인 이성을 가지고 있지 않다고 단정했다. 동물도 시간과 공간에서 사물을 지각하고, 구체적인 인과관계를 지각할 수 있으나, 시간과 공간, 그리고 인과성을 추상적으로 반성할 수 있는 능력은 가지고 있지 않다는 것이다. 이것은 쇼펜하우어가 두 번째로 제시한 인식의 충족근거율과 관련이 있다.

그러므로 가시적인 세계는 동물이나 사람 모두에게 공통적으로 드러난, 이른바 '주관에 대한 객관'이다. 이 점에서 철학사가 코플스턴은 "세계는 나의 표상이다"라는 쇼펜하우어의 명제에서 '표상'이란 바로 '직관적 표상'을 뜻한다고 해석한다.[15] 쇼펜하우어는 칸트야말로 처음으로 물질계의 선천적 조건인 시간과 공간 자체를 직관의 형식으로 생각한 사람이라고 평가한다. 시간과 공간은 경험계 전체를 그 가능성의 조건들과 함께 구성하고 있는 직관 내부에 있다. 동물에게도 시간과 공간의 세계는 존재하지만, 그러나 시간과 공간 자체를 직관할 수는 없다. 세계가 나의 표상이라는 진술은 내 몸(신체)도 나의 표상이라는 사실을 담고 있다. 표상으로서의 세계는 지각하는 것과 지각의 대상으로 되어 있다. 이 총체성은 경험적으로 실재적이지만, 선험적으로는 관념적이다. 세계가 주관에 대한 객관이라면, 지각하는 주관 역시 그 객관과 상관적이다. 이 점에서 쇼펜하우어는 스스로 '칸트의 진정한 후계자'로 자부하고 있었다코플스턴 7, 446.

우리에게 드러난 모든 객관은 표상이다. 그런데 이성은 이러한 직관적 표상을 바탕으로 추상적 개념들을 만든다. 그것들은 원초적인 지식들을 보다 쉽게 활용할 수 있도록 정비한 것이라는 점에서 실천적인 기능을 가진다. 이성에 의한 추상적 지식의 의미는 그 전달 가능성과 영구한 보존

---

15 코플스턴, 철학사 7권, 『18·19세기 독일철학: 피히테에서 니체까지』, 표재명 역, 서광사, 2008, 444쪽.

가능성에 있다. 또한 그것들은 도덕적 실천을 가능하도록 행위를 지도한다. 그러나 이성은 현상의 배후에 있는 사물의 본질이나 물자체에 적용할 수는 없다. 철학은 직관적인 지식을 추상적인 개념으로까지 끌어올려서 보편적인 체계지식을 구축하지 않으면 안 된다. 그러나 이러한 체계구축은 쉬운 일이 아니다. 예를 들면 쇼펜하우어는 이 세상에서 삶의 평정을 구하려는 스토아학파의 도덕은 삶에 필연적으로 따르는 고통과 고뇌를 배제하려고 한 점에서 자체모순을 범하고 있다고 지적한다. 그래서 쇼펜하우어는 자기 자신의 고통 속에서 자비와 사랑을 설파했던 고대 인도의 지혜자와 기독교의 메시아에게서 진정한 삶의 비결을 찾고자 한다.

쇼펜하우어는 박사논문을 출간한 얼마 후에 바이마르에서 동양학자 마이어를 만나, 인도문헌을 소개 받았다. 고대 인도의 교설에 의하면 모든 주관과 객관은 마야Maya, 즉 현상일 뿐이다. 이 사상은 쇼펜하우어의 근본사상과 일치한다. 그러나 세계가 현상이라면 그 배후 또는 기저에 있는 것은 무엇인가? 베일의 배후에는 무엇이 있는가? 쇼펜하우어는 칸트가 현상의 배후에 있다고 가정한 물자체를 '의지'라고 규정한다. 그가 '표상으로서의 세계' 주장을 칸트로부터 가져왔다면, '의지로서의 세계' 주장은 그만의 독창적인 산물이라고 볼 수 있다코플스턴 7, 447 참조.

제1권은 1장에서 16장까지이고, 1-7장에서는 주로 직관적 지식과 오성에 대하여, 8-16장에서는 추상적 지식과 이성의 관계에 대하여 다루고 있다.

2. 표상으로서의 세계, 그리고 주관과 객관 §§1-3

"세계는 나의 표상이다." —이것은 살아서 인식하는 모든 존재에게 해당하는 진리이다. 그러나 인간만이 이 진리를 반성적이고 추상적으로 의식할 수 있으며, 인간이 참으로 이것을 의식할 때 철학적 사유가 나타나게 된다. 그 경우에, 인간은 태양과 대지를 아는 것이 아니라, 태양을 보는 눈과 대지를 느끼는 손을 가지고 있음에 불과하다는 것, 인간을 둘러싸고 있는 세계는 표상으로서만 존재한다는 것, 즉 세계는 다른 존재인 인간이라는 표상하는 자와 관계함으로써만 존재한다는 사실이, 그에게 분명하고 확실해진다§1, 31; 39.

세계는 우리에게 드러난 표상이다. 그것은 이미 주관(주체)과 객관(객체, 대상)을 전제하고 있으며, 시간, 공간, 인과성보다 더 보편적인 모든 경험의 형식이 충족근거율에 근거하고 있다는 사실을 보여준다. 충족근거율의 진리는 주관과 객관의 관계 속에서 모든 경험적 인식과 추상적 인식을 규정한다. "인식을 위해 존재하는 모든 것, 즉 전체 세계는 주관과의 관계 속에서 존재하는 객관에 지나지 않으며, 직관하는 자의 직관, 즉 한마디로 말해, 표상이다"§1, 31; 39-40. 세계는 표상이다. 세계에 속한 모든 것은 불가피하게 주관에 의하여, 특히 주관의 직관 형식인 시간과 공간 속에서 파악된다는 사실을 뜻한다. 이는 선천적인a priori 어떤 진리가 있다는 것을 전제하고 있다. 그것은 시간과 공간, 인과성과 같은 경험의 형식들로서 경험의 대상들과 더불어 경험을 가능하게 하는 조건들이다. 이와 같은 생각은 그가 칸트에게서 수용한 것이다. 따라서 쇼펜하우어 스스로 이러한 진리 주장이 결코 새로운 것이 아니라고 말했던 것이다§1, 32; 40.

쇼펜하우어는 데카르트의 회의와 버클리의 존재 지각설을 단초로 하여, 인간을 둘러싸고 있는 세계는 표상으로서만 존재하고, 그것도 특히 인간이 표상함으로써 존재하는 것이라고 주장한다. 또한 그는 인도의 현자들, 특히 대서사시 『마하바라타Mahābhārata』와 『베단타 수트라Vedānta-sūtra』를 지은 것으로 알려진 기원전 1500년경의 전설적인 성자 비야사Vyasa는 이 진리를 베단타철학의 근본 원리로 수용했다고 말한다. 여기에서 쇼펜하우어는 영국 출신의 산스크리트어 연구가이자 동양학자인 윌리엄 존스의 글을 인용하고 있다. "베단타학파의 근본 교리는 물질의 존재, 즉 고체성, 불가입성, 연장성을 부정하는 데 있는 것이 아니라 …, 물질에 관한 통속적인 관념을 바로잡아 그것이 인간의 지각과 무관한 어떠한 본질도 갖고 있지 않으며, 존재Dasein, existence와 지각 가능성Wahrnehmbarkeit, perceptibility은 호환 가능한 말이라고 강하게 주장하는 데 있다"[16]WWV1 §1, 32; 41. 즉 경험적 실재성empirische Realität과 선험적 관념성transzendentale Idealität이 양립할 수 있다는 것이다.

그리하여 자의적으로 세계를 바라보는 사람들은 누구나

16 William Jones, "On the philosophy of the Asiatics," in: *Asiatic researches*, vol.4, p.164.

세계를 자신의 단순한 표상으로 생각하지만, 그것은 오직 진리의 한쪽에 불과하다. 세계를 인식 가능성의 측면에서만 보면, 자신의 신체까지를 포함하여 존재하는 모든 객관은 단순한 표상에 지나지 않을 것이다. 그러나 쇼펜하우어는 바로 여기에서 세계의 또 다른 한쪽, "세계는 나의 의지이다"라는 사실을 선언한다§1, 33; 42. 따라서 세계는 '나의 표상'인 동시에 '나의 의지'이다. 그 밖의 어떤 다른 것도 있을 수 없다. 그는 이곳에서 칸트가 '물자체'라고 말한 '객관 그 자체인 실재'조차도 '꿈에 나타난 괴물'이자 '철학에서의 도깨비불'이라고 비판했다.

세계란 무엇인가? 칸트는 이 물음이 우리가 결코 답변하기 어려운 이율배반을 구성하고 있으며, 따라서 인간의 예지로는 접근하기 어렵다고 하였다. 그러나 쇼펜하우어는 이 단어들이 경험적 실재성과 선험적 관념성의 양립을 충분하게 보여준다고 보았다. 우리가 지각하는 현상세계는 세계에 대한 우리의 표상에 지나지 않는다. 인식 주체는 세계에 존재하는 모든 것을 우리에게 알려주는 전달자이고, 모든 현상과 모든 대상은 우리의 인지를 위한 전제조건이다. 존재하는 모든 것은 언제나 이 주체에 의해서만 존재하게 된다. 그런데 이 주체Subjekt는 "모든 것을 인식하면서 어떤 것에 의해서도 인식이 가능하지 않은 것"이다§2, 33; 43.

모든 사람은 그러한 주체로서의 자기 자신을 발견하지만, 그 스스로 인식의 대상인 경우에는 그렇지 않다. 우리의 신체는 이미 대상이고, '직접적인 객체' 또는 '객체 중의 객체'로서의 신체는 우리에게 표상이다. 표상은 언제나 이미 주체와 객체(대상) 중 어느 것에도 속하지 않으면서, 동시에 그 두 가지 틀을 매개하고 있다. 표상으로서의 세계는 본질적이고 필연적이며 분리 불가능한 두 가지 측면을 지닌다. 그 한쪽이 객체이다. 그 형식은 공간과 시간이며, 이를 통해 다양성이 생긴다. 다른 한쪽은 주체이며, 그것은 시간과 공간 속에 존재하지 않는다. 왜냐하면 주관은 표상하는 모든 존재자 속에서 분리하지 않은 채 전체로서 존재하기 때문이다§2, 34; 44. 이들 중 어느 하나만으로 현존하는 수백만 개보다 완벽하게 표상의 세계를 객체로서 완전히 보완한다. 그러나 그 유일한 하나가 사라진다면, 표상으로서의 세계는 더 이상 존재하지 않을 것이다. 우리 자신의 신체도 그렇다. 우리 자신, 주체는 모든 것을 인식하지만 어떤 그것을 인식할 수 없다. 후자의 관점에서 그것은 의지, 즉 칸트의 물자체 개념과 같은 것이다. 이처럼 주관과 객관은 서로 경계를 이루고 있어서, 객관이 시작되는 곳에서 주관이 끝난다. 이와 같은 경계의 공속을 바탕으로 쇼펜하우어는 모든 객관의 본질적이고 보편적인 형식들인 시간, 공간, 인과성은 객관 그 자체에 대한 인식 없이도 주관에서 나온 것으로 간주했다. 칸트는 이것이 우리의 의식에 선천적으로 존재하는 것이라고 규정했다§2, 34; 44. 칸트가 『순수이성비판』에서 "인간의 인식이 아주 많이 뒤섞인 조직이라고 할 수 있는 수많은 개념들에는 순수한 사용을 위하여 선천적으로(경험으로부터 독립되어) 규정된 몇 개의 개념들이 있다"KrV, B117고 한 것은 바로 지각의 보편적 조건인 시간과 공간 형식을 가리킨다.

쇼펜하우어는 모든 표상을 직관적 표상과 추상적인 표상으로 구분한다§3, 35; 45. 전자는 시간과 공간 형식으로 가시적인 세계 전체, 즉 경험 전체와 경험 가능성의 조건들을 포괄한다. 반대로 후자는 개념으로서, 지상에서 인간만이 소유하고 있는 이성Vernunft과 관계가 있다. 그런데 칸트와 마찬가지로 쇼펜하우어 역시 경험이 직관에 의존하는 것은 바로 이 시간과 공간 형식 때문이라고 보았다. 시간 속에서 매 순간의 연속이 일어나고, 공간 속에서 끝없이 서로를 규정하는 부분들의 위치가 밝혀지기 때문에, 쇼펜하우어는 경험을 인과관계와 동기 부여의 법칙으로 규정하고, 사유를 판단의 근거가 되는 법칙으로 규정하는, 이른바 '존재의 근거Grund des Seins'를 착안했던 것이다. 쇼펜하우어는 존재의 근거를 파악하기 위하여 철학사를 샅샅이 뒤져보고서 칸트와 인도사상의 중간에서 해결하고자 했다. 칸트가 말하는 현상의 세계, 즉 표상으로서의 세계는 충족근거율에 근거하는 세계이다. 시간과 공간 속에서 존재하는 모든 것, 즉 원인과 동기에서 생기는 모든 것은 상대적인 현존을 가지고 있을 뿐이며, 이와 같은 성질은 그것과 동일한 형태로만 존재하는 다른 것에 의하여, 또 그 다른 것 때문에 존재한다§3, 36; 46-47.

쇼펜하우어는 『의지와 표상으로서의 세계』 제1판 서문에서 고대 인도의 지혜가 자신의 사상과 공통적인 요소를 가지고 있다는 사실을 말하면서, "나의 사상이 이미 우파니샤드 속에서 발견된다고는 절대로 말할 수 없지만, 우파니샤드를 형성하고 있는 하나하나의 단편적인 말은 그 모두가 내가 전하고자 하는 사상에서 결론으로 도출할 수 있다"고 했다1.Vorrede, 11-12; 15. 이는 그가 충족근거율을 통하여 기술하려는 표상으로서의 세계 이해가 우파니샤드에서 불교에 이르는 인도사상이 기술하는 세계 이해와 일치한다는 것을 말해준다.

헤라클레이토스가 세계를 '사물의 영원한 흐름'으로 본 것, 플라톤이 '언제나 생성될 뿐 존재하지 않는 것'으로 본 것, 스피노자가 '홀로 존재하고 영속하는 유일한 실체의 단순한 우연성'이라고 규정한 것을 칸트는 '현상' 개념으로 파악했다. 인도인들은 그것을 마야maya라고 불렀다§3, 37; 47-48. "그것은 인간의 눈을 가리고 세계를 보게 하는 기만의 베일인 마야이다. 이 세계는 있다고 할 수도 없고, 또한 없다고 할 수도 없다. 이 세계는 꿈과 같고, 나그네가 멀리서 물이라고 생각하는 모래 위에 반짝이는 햇빛과 같으며, 또는 그가 뱀이라고 생각하고 집어던진 새끼줄과도 같기 때문이다"§3, 37; 48. 이 모든 것을 쇼펜하우어는 표상이라고 불렀다.

3. 인과성과 물질 §4

순수한 시간과 모든 셈과 계산의 토대가 되는 근거율의 형태를 아는 사람은 시간의 본질 자체를 아는 것이나 마찬가지이다. 시간의 전체 본질은 곧 시간 속에서의 근거율의 형태인 '연속Sukzession'이기 때문이다§4, 37; 48-49. 동시에 순수하게 직관된 공간 속에서 작용하는 근거율의 형태를 인식한 사람은 공간의 본질 자체를 아는 것이나 마찬가지인데, 그 전체 본질은 상호 간에 여러 부분을 서로 규정할 수 있는 '위치Lage'이기 때문이다. 그 위치들을 상세하게 고찰하여 편하게 이용할 수 있도록 추상적인 개념으로 정리한 것이 바로 기하학이다. 그리고 '시간 공간의 내용'과 그 '지각 가능성'이 '물질을 지배하는 근거율의 형태', 즉 '인과관계의 법칙'이라는 사실을 아는 사람은 이미 '물질 그 자체의 존재 전체'를 인식하고 있는 셈이다. 물질의 존재는 시간과 공간을 채우는 물질의 작용이기 때문이다. 따라서 "원인과 결과는 물질의 본질 전체이고, 물질의 존재는 그것의 작용이다"§4, 38; 49. 이런 이유에서 쇼펜하우어는 물질적인 것의 총체를 '실재성

Realität'보다는 '현실성Wirklichkeit'으로 규정한다.

물질의 본질은 작용, 즉 인과성에 있다. 따라서 "인과성의 법칙이 규정하는 것은 단순한 시간 속에서의 상태들의 연속이 아니라 특정한 공간과 관련이 있는 연속이고, 특정한 장소에서의 상태들의 존재가 아니라 특정한 시간과 이 장소에서의 상태들의 존재인 것이다. 변화, 즉 인과율에 의해 생기는 변화는 매번 공간 및 시간의 특정 부분들과 동시에 하나가 됨으로써 이루어진다. 그 결과 인과성은 공간을 시간과 하나로 결합시킨다"§4, 39; 51. 이처럼 물질은 시간과 공간의 결합을 통하여 동시성, 지속 가능성, 변화, 실체의 고정 가능성을 얻게 된다. 물질의 불변성이라는 확실성은 선천적으로 완전히 공간의 확실성에서 유래하며, 시간 안에서 그런 성질은 결코 나타날 수 없다. 그러므로 작용의 합법칙성은 언제나 시간과 공간에 동시에 관계하는 경우에만 의미를 갖는다. 공간 속에서 나타나는 시간의 변화가 바로 인과성이다§4, 41; 52-53.

여기에서 쇼펜하우어는 칸트의 인식론에 바탕을 두고서 인과성과 물질의 관계를 파악하고자 했다. 모든 표상은 주관 속에서 '인식능력'이라 불리는 특수한 규정을 위해서만 존재한다. 이 말은 칸트의 경험 이론에서 가장 원리가 되는 출발점이다. 칸트는 『순수이성비판』 재판 서론에서 "우리의 모든 인식은 경험과 더불어 시작한다. 그러나 모든 인식이 경험에서 발생하는 것은 아니다"KrV, B1라고 말했는데, 이는 우리에게 선천적으로 부여된 인식 능력을 염두에 둔 발언이다. 칸트는 선험적 감성론에서 시간과 공간의 직관 형식, 선험적 분석론에서 오성 범주, 그리고 선험적 변증론에서 이성을 경험 가능성의 조건으로 제시한 것이다. 시간과 공간, 오성, 이성의 기능을 모두 합친 칸트의 인식능력 개념에다가 그런 능력을 가진 나의 존재를 감안할 경우에 우리는 비로소 쇼펜하우어의 주관(주체) 개념에 접근하게 된다. 칸트에서 오성은 "감성적 직관의 대상을 사고하는 능력"KrV, B74이고, 이성은 "선천적으로 인식의 원리를 제공하는 능력" KrV, B24이다. "경험은 경험적 인식, 즉 지각을 통해 대상을 규정하는 인식이다. 이것은 지각의 연합이다. 이 연합은 지각 속에 있는 것이 아니라, 일종의 의식 속에서 지각의 다양성의 연합적인 통일에 있다. 이것은 감각의 대상에 대한 인식,

경험의 … 본질을 규정한다"KrV, B218f.

  칸트는 공허한 형식으로서의 시간과 공간의 주관적인 상관 개념을 순수한 감성Sinnlichkeit이라고 불렀다. 그런데 쇼펜하우어는 '감성'이란 물질을 전제하므로 적절한 표현이 아니라고 생각하면서도 그대로 수용한다는 뜻을 밝히고 있다§4, 41; 53. 엄밀한 의미에서 칸트의 감성 개념이 작동하는 원리는 경험에서 비롯되지만, 그 경우에 칸트가 상정하고 있는 물 자체는 그 존재 여부를 우리의 인식능력으로서는 단정할 수 없는 불가지적인 것으로서, 단지 경험을 가능하게 하는 객관적 조건의 기반이 되는 전제이다. 이와 함께 우리 안에 있는 직관 형식으로서의 감성 형식 자체를 인식하는 것은 이성이다.

  또한 쇼펜하우어는 물질이나 인과성의 주관적인 상관 개념을 '오성'으로 규정한다. 그에 의하면 "인과성을 인식하는 것은 오성의 유일한 기능이고 오성의 유일한 힘"이다§4, 41; 53. 그러나 "모든 인과성, 모든 물질, 그리고 전체 현실은 오직 오성을 위하여, 오성을 통해서, 오성 속에서만 존재한다. 최초이자 가장 단순하고 늘 존재하는 오성의 표출은 현실

세계에 대한 직관이다. 이러한 직관은 전적으로 결과에서 원인을 인식하는 것이므로, 모든 직관은 지적인 것이다"§4, 41-42; 53-54. 쇼펜하우어는 눈, 코, 손이 감지하는 것은 직관이 아니라 '단순한 자료들'이며, 오성이 물질이라는 표상 속에서 공간과 시간을 결합시킴으로써, 비로소 "세계는 공간 속에 퍼진 상태에서 직관으로서, 형태는 변하고 물질은 항상 변함없는 상태를 유지하면서 존재한다"고 해석하였다§4, 42; 54. 그리하여 표상으로서의 세계는 오성을 통해서만, 그리고 오성을 위해서만 존재한다. 이로부터 쇼펜하우어는 오성이 직관을 만든다고 새롭게 주장한 것이다. 모든 직관과 경험은 인과율의 인식에 의존하고 있다. 인과성의 인식이 어떤 경험에도 의존하지 않는다는 사실은 그것이 직관 속에 이미 들어 있어서, 경험에 대하여 완전히 선천적으로 존재한다는 인과성의 선험적 특성을 말해준다§4, 44; 56.

4. 실재론과 관념론 비판, 그리고 세계의 양면으로서 표상과 의지 §§5-7

외부세계의 실재성 여부에 대한 철학적 논쟁은 독단론과 회의론으로 대립하며, 가장 일반적인 독단론의 형태로는 실재론과 관념론이 있다. "실재론은 객관을 원인으로 하고 그 결과를 주관 속에 둔다. 피히테의 관념론은 객관을 주관의 결과라고 한다"§5, 44; 56. 그러나 이 두 주장은 증명할 수 없는 것이므로 결국 회의론이 승리하게 된다. 그러나 쇼펜하우어의 처방은 전혀 달랐다. 인과성의 법칙은 이미 직관과 경험에 선행하므로 그것들로부터 얻을 수 없듯이, 모든 인식의 최초의 조건으로서 주관과 객관은 모든 인식에 앞서고, 따라서 근거율에도 선행한다. 모든 객관의 형식일 뿐인 근거율은 현상을 관통하는 방식과 방법이다. 그런데 객관은 언제나 이미 주관을 전제한다. 따라서 객관과 주관 사이에는 원인과 결과의 관계가 존재할 수 없다§4, 44; 57.

모든 객관의 본질적인 형식을 보편적인 방법과 방식으로 서술하는 작업이 필요하다. 객관은 그 자체로 언제나 이미 주관을 필연적인 상관 개념으로 전제하고 있다. 그러므로 주관은 언제나 근거율의 타당한 영역의 바깥에 있다. 그리하여 쇼펜하우어는 "외부세계의 실재성에 대한 논쟁은 근거율의 타당성을 주관에까지 잘못 확장 적용한 데서 기인한다"고 지적한다§5, 45; 57. 실재론적 독단론은 표상을 객관의 결과로 보고, 표상과는 다른 원인인 객관 자체를 가정하려는 잘못을 범하고 있다. 객관은 언제나 주관을 전제하고 있으며, 객관은 늘 '주관의 표상'에 불과하기 때문이다. 따라서 우리는 '객관의 존재'가 아니라 '객관의 작용'만을 알 수 있을 뿐이다. 그러나 객관의 작용은 그 존재와는 전혀 다른 것이다. 따라서 쇼펜하우어는 이제 역으로 실재론과 관념론의 두 학설에 대하여 객관과 표상은 같은 것이고, 직관적인 객관의 존재는 사실상 그 작용이며, 거기에 사물의 현실성이 담겨 있다고 가르쳐야 한다고 역설한다. 다시 말하면 "주관이 표상의 바깥에서 객관의 현존을 요구하거나 사물의 작용과는 상이한 현실적인 사물의 존재를 요구하는 것은 전혀 무의미하고 모순된 일"이라고 가르쳐야 한다는 것이다§5, 45; 58. 그는 "순전히 인과성으로 모습을 드러내는 공간과 시간 속에 직관된 세계"만이 완전히 실재하고 있다고 말한다. 따라서 세계의 '경험적 실재성empirische Realität'은 인과성의 법칙에 따라서 객관이 표상으로 그 모습을 드러내는 것을 뜻한다§5, 46; 58. 이를 통하여 쇼펜하우어는 외부세계의 실재성이 주관과 무관하다는 독단론자에 대하여 외부세계의 실재성을 완전히 부정한다. '객관의 세계 전체'는 '주관의 제약을 받고 있는 표상'일 뿐이고, 바로 그 때문에 세계는 '선천적 관념성'을 갖게 된다. 그 세계는 거짓이거나 가상이 아니다. 세계는 있는 그대로의 모습, 즉 표상으로, 일련의 표상으로 모습을 드러내는데, 그 공통적인 유대가 바로 근거율이다§5, 46; 58-59.

세계 그 자체는 오성에 의해서만 표상으로 이해할 수 있으며, 세계의 실재성에 대한 논쟁은 근거율을 부당하게 적용하여 생겨난 것이다§5, 46; 59. 그러한 잘못은 두 가지로 나타난다. 첫 번째 잘못은 객관의 근거에만 적용해야 할 근거율을 그 영역의 바깥에 있는 주관이나, 혹은 주관도 객관도 아닌 것과 부당하게 결합시키는 것이다. 두 번째 잘못은 근거율의 형태, 즉 생성의 근거율과 인식의 근거율을 혼동하는 데서 비롯된다. 실재하는 객관들, 즉 직관적인 표상을 지배하는 것은 생성의 근거율이고, 단지 개념들이나 추상적 표상들을 지배하는 것은 인식의 근거율이다. 따라서 직관적인 표상에 대하여 인식의 근거율을 요구하는 것은 부당하고 아무런 의미도 가질 수 없다는 것이다. 이처럼 외부세계의 실재성에 대한 물음은 이성이 길을 잃고 헤매다가 생긴 오해이다§5, 47; 60. 따라서 이 문제는 근거율의 본질, 객관과 주관 사이의 관계, 감각적인 직관의 본래 속성을 파악하면 풀릴 수 있다. 그런데 쇼펜하우어는 이 문제가 앞에서 언급한 두 가지 사변적인 기원보다도 훨씬 더 알기 쉬운 경험적인 기원을 가지고 있다고 말한다.

그것은 곧 꿈과 현실, 환영과 실재하는 객관을 구분하는 확실한 기준이 있는가의 문제이다§5, 48; 60. 칸트는 이 문제를 "인과율에 따른 표상들 간의 연관 관계가 실생활과 꿈을 구분한다"고 해결했지만, 쇼펜하우어는 모든 개개의 표상은 꿈에서도 현실처럼 근거율에 따른다고 일축하였다. 현실과 꿈의 차이는 사실상 '긴 꿈'과 '짧은 꿈'의 차이에 지나지 않기 때문이다§5, 48; 61. 또한 '짧은 꿈'이라 하더라도 현실과의 연관이 강하게 나타날 경우에는 꿈과 현실을 구분하기 어렵다. 그래서 베다와 푸라나die Veden und Puranas는 현실세계를 '마야의 직물das Gewebe der Maja'이라고 비유했으며, 플라톤 역시 인간은 꿈속에 살고 있다고 말한 것이다§5, 49; 62. 그리하여 쇼펜하우어는 삶과 꿈은 '한 책 속의 쪽들'과 같다고 말한다§5, 50; 63. 독서 시간(낮)이 아닌 휴식 시간에는 한가롭게 책장을 넘기면서 아직 읽지 않은 쪽도 넘겨볼 수 있다. 순서대로 정독하는 것이나 즉석에서 아무렇게나 펼쳐보는 것 모두 같은 책을 보는 것이다. 이처럼 "개개의 꿈들이 늘 실제 생활을 관통하는 경험의 연관 관계에 개입하지 않음으로써 그 실제 생활과 나누어져 있고, 깨어나는 것이 이러한 차이를 나타내 주는 것이지만, 사실 경험의 그러한 연관 관계는 그 형식으로서 이미 실제 생활에 속하며, 반면에 꿈도 사실 자체 속에 어떤 연관 관계를 나타낼 수 있다. … 둘 사이에는 본질상 특정한 차이가 발견되지 않는다"§5, 50; 63. 쇼펜하우어는 셰익스피어가 삶을 '잠'으로 비유한 것을 받아들여 삶이 '긴 꿈'이라고 말하지만, 그는 삶과 꿈을 같은 것이라고 말함으로써 그가 인지한 것보다 훨씬 더 많은 것을 이야기한 셈이다. 이 때문에 그는 의식과 무의식의 세계 모두가 한 인간의 동일한 삶의 현실에 속한다는 정신분석학적 발견의 진정한 선구자라고 할 수 있다.

쇼펜하우어는 이제 나의 몸, 즉 신체의 문제를 다룬다. 모든 것을 '주관을 위한 객관', 즉 표상으로만 볼 때, 나의 몸과 신체 역시 하나의 표상일 뿐이다§6, 51; 65. 그런데 신체는 "우리에게 직접적인 객관, 즉 주관이 인식의 출발점으로 삼는 표상"이며, "이때 표상 그 자체는 직접적으로 인식한 변화들과 더불어 인과성의 법칙을 적용하기 전에 나타나서, 이를 적용하기 위한 최초의 자료를 제공한다"§6, 52; 65. 이 경우에 신체는 오성이 아직 접근할 수 없는 단지 '감성적인 감각, 즉 신체 변화의 직접적인 의식'으로서의 '직접적인 객관unmittelbares Objekt'이다§6, 52; 66.

쇼펜하우어는 '직관적 세계의 인식 가능성die Möglichkeit der Erkennbarkeit der anschaulichen Welt'을 두 가지 조건에서 찾는다. 첫 번째 조건은, 그것을 객관적으로 표현하자면, '물체가 서로 작용해서 변화를 일으킬 수 있는 능력'이다. 이를 주관적으로 표현하자면, '오성'이다. 왜냐하면 "인과성의 법칙이나 결과와 원인의 가능성은 오성에서만 생기고, 오성에만 적용되고, 오성을 통해서만 존재하기 때문이다"§6, 52; 66. 두 번째 조건은 '동물적 신체의 감성' 또는 '직접 주관의 객관이 되는 어떤 물체들의 특성'이다. 직접적으로 알게 되는 신체(쇼펜하우어는 이를 '직접적인 객관'이라고 규정한다) 역시 여기에 속한다. 그러나 우리는 단순한 기본적인 감각으로는 신체를 알지 못하고, 오성(근거율)을 통한 인식(표상)을 통해서만 신체를 알게 된다. 이러한 두 가지 조건에 의하여 "모든 동물적인 신체는 모든 것을 인식하면서도 바로 그 때문에 결코 인식하지 못한 주관에 대해 직접적인 객관, 즉 세계에 대한 직관의 출발점인 것이다"§6, 53; 67. 모든 동물과 인간에게는 동일한 오성, 인과성의 인식이 있다§6, 54,57; 68,71.

흥미 있는 것은 쇼펜하우어가 인식능력의 결함에 대하여 지적하고 있다는 사실이다. 그는 오성이 바르게 인식한 것은 '실재성', 즉 직접적인 객관 속에 나타나는 결과로부터 그 원인으로 바르게 이행하지만, 오성의 결함인 '우둔함Dummheit'은 가상Schein을 만들어서 실재성을 기만한다고 말한다. 이성에 의하여 바르게 알게 된 것은 진리, 즉 충분한 근거를 지닌 추상적 판단을 만들어내지만, 이성의 결함인 '어리석음Torheit'은 오류Irrtum를 만들어서 진리를 위협하는 것이다. 또한 그는 판단력의 결함을 '단순함Einfalt', 그리고 기억력의 결함을 '광기Wahnsinn'라고 규정했다§6, 58; 72. 쇼펜하우어에 의하면 오성의 활동은 '반성적이거나 추론적이지 않고 직접적이고 매개가 없기' 때문에 '그릇된 가상'을 만들어 내는데, 그 때문에 물속에 있는 막대기가 굽어 보이고, 구면球面의 거울에 비친 상은 볼록한 표면에서는 좀 뒤에서 보이고 오목한 표면에서는 조금 앞에서 보이며, 달이 중천에 떠 있을 때보다 지평선에 있을 때 더 커 보이는 것 등이 그렇다§6, 58; 73. 이러한 가상은 시각적인 데서 오는 것이 아니라, 오성의 기만에 의한 것이다. 이러한 현상 자체는 이성의 논리적 추론으로도 제거할 수 없으며, 그와 같은 오류는 오직 그것에 대립하는 참된 판단을 통해서 해소할 수 있을 뿐이다. 달과 별들이 지평선에 있을 때 빛이 더 약하게 보이는 것은 거리가 멀어서가 아니라 흐릿한 수증기가 가려서인 것이다. 그러나 추상적인 인식에도 불구하고 그러한 가상은 여전히 그대로 남아 있다. 직관이 오성만의 작용이며 이성의 영향을 받지 않는다는 것은 오직 인간에게만 주어진 능력인 이성을 통하여 알 수 있을 뿐이다§6, 59; 74.

표상은 객관과 주관을 이미 포함하고 전제하고 있다. 시간, 공간, 인과성은 객관 그 자체에 본질적이지만, 그 객관은 다시 주관 그 자체에 본질적인 것이며, 우리는 이 주관의 형식들을 선천적으로 인식하므로 '객관과 주관의 공통된 경계'라고 볼 수 있지만, 그 형식들은 모두 근거율로 환원할 수 있다§7, 59-60; 74-75. 이러한 이해를 바탕으로 쇼펜하우어는 자신의 철학을 피히테의 자아설인 '선험적 관념론'이나, 그리고 자연철학과 선험철학을 종합하려고 한 셸링의 동일철학과도 차별화하고자 했다§7, 60; 75-76. 또한 쇼펜하우어는 객관에서 출발하는 네 가지 유형의 철학, 즉 실재세계에서 출발한 것(탈레스, 이오니아학파, 데모크리토스, 에피쿠로스, 브루노, 프랑스 유물론자들), 추상적 개념에서 출발한 것(스피노자, 엘레아학파), 시간, 수에서 출발한 것(피타고라스학파, 역경易經), 인식에 의해 동기가 생긴 의지의 활동에서 출발한 것(스콜라학파)으로 구분했다§7, 61; 77-78. 이 가운데서 가장 본질적인 것은 유물론인데, 그것은 오성을 배제하기 때문이다. 그러나 유물론은 가장 단순한 물질의 최초 상태로부터 화학적 현상, 양극성, 식물성, 동물성으로 올라감으로써, 마지막 단계의 동물적인 감성, 즉 인식작용에 이르게 된다. 따라서 유물론자는 물질을 사유한다고 하면서도 사실은 물질을 표상하는 주관, 물질을 보는 눈, 물질을 인식하는 오성을 사유했을 뿐이다. 그리하여 쇼펜하우어는 유물론자의 시도를 뮌히하우젠 남작이 말을 타고 물속에 빠지자 말의 머리를 잡고 빠져나왔다는 이야기에 빗대었다§7, 62; 79. 한마디로 자체모순을 범하고 있다는 것이다. 이러한 유물론의 시도는 '주관 없이는 객관도 없다'라는 한마디에 무너지고 만다§7, 65; 83.

쇼펜하우어에 의하면 세계 전체의 존재는 표상이다. 시간 자체도 의식의 동일성에서만 생각할 수 있다. "시간은 표상들에 관한 의식의 연속이고, 인식 작용에 관한 의식의 형식이며, 그러한 형식을 떠나서는 시간은 모든 의미를 통째로 잃어버리고 전혀 아무것도 아닌 것으로 되고 만다"§7, 66; 84. 칸트는 시간, 공간, 인과성이 사물 자체에 속하는 것이 아니라 사물들의 현상에만 속한다고 주장했으나, 쇼펜하우어는 그 '현상의 형식'이 곧 '시간, 공간, 인과성'이라고 지적한다. "객관적인 세계, 즉 표상으로서의 세계는 세계의 유일한 면이 아니라 단지 한 면, 말하자면 세계의 외적인 면일 뿐이며, 세계에는 이와는 전혀 다른 또 하나의 면이 있는데 그것이 세계의 가장 내적인 본질이자 핵심인 물자체인 것이다"§7, 66-67; 84-85. 쇼펜하우어는 물자체가 객관화하는 과정에서 가장 직접적인 단계를 '의지Wille'라고 불렀다. 세계는 인식이라는 매개 없이 존재할 수 없으므로 표상이지만, 그와 같은 인식 주관이 없다면 무일 것이다§7, 67; 85. 그리하여 쇼펜하우어는 "세계의 가장 내적인 본질인 물자체를 표상의 두 요소인 주관과 객관의 어느 쪽에서 찾지 않고, 오히려 표상과 다른 요소, 즉 그런 본래적이고 본질적이면서 또한 해소되지 않은 대립이 개재되어 있지 않은 요소에서" 찾았던 것이다§7, 68; 86. 유물론은 세계의 근거를 물질에서 찾았고, 피히테의 자아철학은 세계의 근거를 주관에서 찾았다. 그러나 쇼펜하우어는 주관도 객관도 아닌, 의식의 첫 번째 사실인 표상에서 출발한다. 표상은 주관과 객관으로 나누어지는데, 객관의 형식은 근거율이다. 시간 자체의 존재 근거는 연속이고, 공간 자체의 존재 근거는 위치이다. 또한 물질은 인과성과 같고, 개념은 인식근거에 대한 관계와 같다. 모든 표상의 주관적 상관자는 모든 동물에게 주어진 오성과 감성이고, 그 표상의 재료인 개념의 주관적 상관자는 이성이다§7, 71-72; 90. 그리하여 쇼펜하우어는 나의 신체가 나의 주관이면서 동시에 객관이듯이, 직관에 의하여 드러난 세계는 나의 표상이면서 동시에 나의 의지라는 사실에 접근해갔다.

5. 직관적 지식과 추상적 지식, 그리고 철학의 과제 §§8–16

쇼펜하우어는 이제 직관적이고 직접적인 표상으로부터 추상적이고 논증적인 이성의 개념에 대한 성찰로 이행한다§8, 72; 91. 명백하고 확고하고 확실한 직관에 충실한 것은 결코 거짓일 수 없다. 저기에 있는 것은 의견이 아니라 사물 자체이다. 그러나 여기에 오성이 개입하면서 가상이 생길 수 있고, 이성이 주관하는 추상적 표상에서도 오류가 발생할 수 있다. 이성Vernunft은 '듣다vernehmen'라는 말에서 나왔는데, 그리스와 이탈리아어에서는 '언어(로고스)'와 같은 의미로 사용되기도 한다. 따라서 이성은 '언어로 전달한 생각을 알아듣는 것'을 뜻한다§8, 75; 94. 이러한 이성은 인간에게만 주어진 고유한 정신 능력이다. 오성이 원인과 결과의 관계를 직접 인식하는 기능을 가지고 있다면, 이성은 개념을 형성하는 기능을 가지고 있다§8, 77; 97. 개념은 인간 정신에만 존재하는 것이다. 따라서 개념은 직관의 대상이 아니고 사유의 대상일 뿐이다. 이성은 이처럼 추상적인 개념들 또는 비직관적 표상들에 관계한다§9, 78; 98. 그러나 그것들 역시 직관적 표상과 필연적인 관계를 맺고 있다. 이처럼 원형이 되는 직관적인 세계를 추상적인 개념 사용으로 모사하고 반복하는 활동을 '성찰Reflexion'이라고 한다§9, 79; 99. 그러므로 개념 또는 추상적 표상 전체의 본질도 오직 근거율이 개념들 속에서 나타내는 관계 속에서만 존재한다. 쇼펜하우어는 '인간', '돌', '말'처럼 직관 세계에 직접 근거를 갖는 개념을 '구체적 개념concreta', 그리고 '관계', '덕목', '연구', '시작'처럼 하나 또는 여러 개의 다른 개념들을 매개로 하여 직관적 인식에 관계하는 개념을 '추상적 개념abstracta'이라고 불렀다§9, 80; 100. 바로 이 추상적 개념과 관련 있는 것이 성찰이다.

이성은 모든 개별적인 것을 포괄하는 '보편성Allgemeinheit'을 추구한다. 이성의 추상적 표상은 본질적으로 개념이며, 이를 통하여 상이한 사물들을 사유할 수 있다§9, 81; 102. 이성 사유의 가장 기본적인 형태는 '순수한 이성학reine Vernunfterkenntnis'으로서의§10, 94; 116 논리학에서 볼 수 있다. "논리학은 이성과 모든 내용에 관한 추상적 개념의 자기 관찰을 통해 인식하고, 규칙들의 형태로 표현한, 이성의 처리 방식에 관한 보편적인 지식이다"§9, 85; 106. 그리하여 논리학은 '근거율의 단순한 부연설명'이다§9, 86; 108. 또한 쇼펜하우어는 이성이 '여성적인 특성'을 가졌다고 말한다§10, 91; 115. 이성은 받아들인 다음에만 줄 수 있고, 아무런 내용도 없는 조작의 형식에 불과하기 때문이다. '초논리적 진리'라고도 불리는 완전히 순수한 이성 인식은 동일률, 모순율, 배중률, 인식의 충족근거율이다. 수학은 모든 경험에 앞서서 '공간과 시간의 직관적으로 의식된 관계'에서 그 내용을 얻는다. 순수한 자연과학은 순수한 오성, 즉 인과성의 법칙의 선천적인 인식에서, 그리고 공간 시간의 순수한 직관과 인과성 법칙의 결합에서 성립한다. 일반적으로 지식은 판단들을 자기의 정신력으로 마음대로 재현할 수 있고, 또한 참된 것으로 간주할 수 있는 것을 뜻한다. 그런 추상적인 인식으로서의 지식은 그 때문에 이성의 제약을 받는다. 지식은 다른 방식, 즉 직관적으로 알게 된 것을 이성이라는 개념 속에 고정시켜 놓은 '추상적 의식'이다. 이것은 인간에게만 고유한 형식이며, 진정한 의미에서의 '앎'이라고 할 수 있다§10, 94; 116.

지식과 반대되는 것은 '감정Gefühl'이다. 감정은 의식 속에 있는 개념도 아니고, 이성의 추상적 인식도 아니라는 단지 소극적인 의미에서의 '이질적인 것die heterogenen Dinge'이다. 감정이라는 개념에는 '종교적인 감정', '관능적인 감정', '도덕적인 감정', '색채감', '음향', '증오', '자기만족', '명예', '수치', '건강', '우정' 등처럼 매우 상이하고 적대적인 요소들까지 함께 공존한다. 그런데 감정은 유클리드가 기하학 초보자들에게 모든 도형을 그리게 함으로써 기하학적 진리를 느끼게 하는 것처럼 '직관적으로 의식하지만, 아직 추상적인 개념으로 정리하지 못한 모든 인식과 진리'를 느낀다고 표현하는 경우에도 사용된다. 심지어 슐라이어마허는 『도덕론 비판』에서 '논리적이고 수학적인 감정'이라고도 기술하고 있다§10, 95-96; 118. 그리하여 이성은 추상적 개념이 아닌 의식의 모든 변화를 감정이라는 하나의 개념에 포함시킴으로써 그와 같은 오해를 불러오기도 했던 것이다.

지식은 이성에 의한 모든 추상적인 인식이다. 이성은 인식 작용을 확대하지 않고, 단지 "직관적이고 구체적으로 인식된 것을 추상적이고 보편적으로 인식하게" 한다§12, 97; 120. 감성과 오성은 그때마다 하나의 개별적인 대상만을 파악할 수 있기 때문에, 직관적 인식은 언제나 개별적인 경우에만 적용된다. 그런 후에 이성은 순수 직관 속에 나타난 것을 추상적인 개념들로 정립하여 확실하고 명확한 추상적 지식을 확립하는 것이다. 쇼펜하우어는 이런 추상적 지식의 강점은 바로 '전달 가능성'과 '확정 가능성'에 있다고 본다§12, 100; 123. 직관적 지식은 구체적인 개별 사례에 관한 것이므로, 이성이 그것을 추상화하여 보편적인 지식으로 고정시킨 후에야 다른 모든 개별적 사태에 대해서 적용 가능하다. 이와 같은 맥락에서 쇼펜하우어는 덕Tugend과 신성성Heiligkeit의 문제를 접근한다. 각 개인의 행동은 저마다 다르지만, 윤리적인 문제와 관련 있는 교의敎義는 모든 국민의 이성에서 동일할 수 있다§12, 103; 127. 행동은 각자의 감정이나 격률, 즉 추상적인 교의와 관계없이 '말로 표현하지 못한 행위 원칙'에 의하여 이루어진다. 그런데 이 격률을 표현할 수 있는 자는 바로 전체 인간 자신이다§12, 104; 127. 따라서 여러 민족의 종교적 교의가 다르더라도 선행은 누구에게나 만족감을 주고 악행은 공포감을 유발하는 것이다. 이성은 이처럼 각 개인의 감정 상태에서 누구나 존중해야 할 도덕 원칙으로 고정시켜서 보편화하는 것이다. 그것은 마치 예술의 수호신이 언제나 예술가의 뜻을 따르지는 않지만, 각 부분을 손질하여 하나의 작품으로 완성하는 것과 같다§12, 104; 128.

추상적 지식은 직관적 표상의 반영이지만, 그 둘이 정확하게 상응하는 것은 아니다§13, 104; 128. 그런데 쇼펜하우어는 '웃음Lachen'을 직관적 인식과 추상적 인식 사이의 그런 불일치를 갑자기 알아차린 데서 나타나는 현상이라고 규정한다. 웃음은 "어떤 개념과 그것에 의한 어떤 관계 속에서 떠오른 실재하는 객관 사이의 불일치"가 크면 클수록 증폭되고, "한편으로는 그런 현실적인 것을 그 개념에 포함시키는 것이 옳을수록, 그리고 다른 한편으로 현실적인 것이 눈에 띄게 개념에 어울리지 않을수록, 이러한 모순에서 연유하는 우스

꽝스러운 것의 효과가 더 커지게 된다." 그러므로 "모든 웃음은 역설적이고, 그 때문에 예기치 않은 포괄을 계기로 생기는 것이다"§13, 105; 129.

모든 지식의 근원은 이성 자체에 있는 것이 아니라, 직관적 인식으로서 획득한 것을 이성이 추상적인 인식으로 만드는 데 있다. 우리는 이처럼 개별적인 것에 대한 경험과 고찰을 통하여 여러 사물에 대한 지식을 얻게 된다. 그리고 특정 대상들에 대한 완전한 추상적 인식을 추구하는 것이 고유한 학문의 과제이다. 학문은 하나의 개념을 통하여 모든 사물의 전체에서 그 부분을 사유하고, 그 전체로부터 완전한 추상적인 인식을 산출하는 활동이다§14, 108-109; 133-134. 특수한 것에서 보편적인 것으로 향하는 것이다. 이와 함께 학문은 개념 범위의 상호관계들을 규정함으로써 그 속에서 사유의 대상이 된 모든 것을 함께 규정한다. 이로써 보편적인 것에서 특수한 것으로 향하는 것이다. 여기에서 '체계적 형식'은 학문의 본질적인 특성이다. "모든 학문의 가장 보편적인 개념 범위의 결합, 즉 학문의 최고 상위 명제에 관한 지식은 학문 습득의 필수적인 조건이다"§14, 110; 135.

그런데 직접적인 직관에서 최초 판단들의 진리를 논증하고, 무수하게 많은 실재하는 사물들에서 학문의 기반을 이 끌어내는 것은 '판단력Urteilskraft'의 과제이다§14, 112; 137. 판단력은 특수한 것과 보편적인 것을 매개하는 사고능력이다. 판단력은 직관적으로 인식에 이른 것을 올바르고 정확하게 추상적 의식으로 옮기는 능력이며, 따라서 그것은 '오성과 이성 사이'를 매개한다. 다시 말하면, 직관적으로 인식에 이른 것을 개념으로 추상화하여 고정시킴으로써, 한편으로 실재하는 수많은 객관들의 공통점을 하나의 개념을 통하여 사유하고, 다른 한편으로 객관들의 상이한 점을 그런 많은 개념들을 통하여 사유하게 하는 것이다. 여기에서 상이한 것은 부분적으로 일치하는 것이 있더라도 상이한 것으로, 동일한 것은 부분적으로 상이한 것이 있더라도 동일한 것으로 간주한다. 이러한 현상은 판단력의 결함인 '단순함Einfalt'에서 나온다§14, 112-113; 138.

칸트는 판단력을 '반성적 판단력reflektierende Urteilskraft'과 '규정적 판단력subsumierende Urteilskraft'으로 구분했는데, 전자는 '직관적 객관에서 개념으로 넘어가는 것', 즉 특수한 것을 보편적인 것에 결합하는 것이고, 후자는 '개념에서 직접적인 객관으로 넘어가는 것', 즉 보편적인 것을 특수한 것에 적용하는 것을 뜻한다§14, 113; 138. 이 두 경우 모두 오성의 직관적 인식과 이성의 반성적 인식을 매개하고 있다. 그런데 단지 추론에 의해서만 얻어지는 진리의 필연성은 언제나 상대적이고 주관적일 뿐이다. 모든 증명은 추론일 뿐이다. 그러므로 새로운 진리를 위해서는 증명이 아닌 '직접적인 명증성'을 찾아야 한다. 그러나 반성의 세계 전체는 직관적인 세계에 기초하고 있으므로, 최종적으로 더 이상 증명할 수 없는 것, 즉 직관적인 것에 이르러서야 '모든 궁극적이고, 근원적인 명증성', 즉 '직관적인 명증성'에 도달하게 된다§14, 113; 139.

쇼펜하우어는 직관이 '모든 명증성의 제1의 원천'이고, 이것과 관계를 갖는 것만이 '절대적인 진리'라는 사실을 확인한다. 따라서 그는 모든 논리적인 논증을 직관적인 논증으로 환원할 것을 요구한다. 그런데 수학은 이와 반대로 직관적인 명증성을 배격하고 논리적인 명증성으로 대치하려고 한다§15, 118; 144-145. 그래서 유클리드의 수학을 전도된 것이라고 여겼다. 쇼펜하우어는 수학적 진리의 단순한 인식근거는 항상 피상적인 것에 머물러서, '그것이 그러하다는 것'에 대한 지식은 줄 수 있지만, '왜 그런가 하는 것'에 대한 지식은 줄 수 없다고 비판한다§14, 119; 145. 그렇다면 우리가 어떤 도형을 직관하고 필연적이라고 느끼는 것은 도대체 어떤 의미에서인가? 쇼펜하우어는 종이 위에 아주 불완전하게 그린 도형에서 오는 것이 아니고, 그것을 보고 생각하는 추상적 개념에서 오는 것도 아니라고 보았다. 그러한 기하학적 필연성은 "우리가 선천적으로 의식하는 모든 인식 형식에서 직접 오는 것이다"§15, 122; 149. 그 형식은 '직관의 형식', 즉 '공간으로서 존재의 근거율'이다. 그 명제의 명증성과 타당성은 인식 근거율의 그것, 즉 논리적 확실성만큼 크고 직접적이다.

쇼펜하우어는 근거율을 적용할 수 없는 두 가지 사실을 제시하는데, 그 하나는 '네 가지 형태로 나타나는 근거율 그 자체'이고, 다른 하나는 '그로부터 모든 현상 속에 있는 근원적인 것이 나오는 물자체'이며, 그것은 결코 근거율로써 도달할 수 없는 것이다§15, 133; 162. 근거율은 '현상들의 관계'는 설명하지만, 현상 자체를 설명하지는 않는다§15, 135; 163. 근거율, 즉 '세계 현상의 형식'은 그 자체로 이미 세계에 속하기 때문이다. 철학은 세계의 모든 다양한 것을 몇 개의 추상적 개념으로 집약하여 학문 지식에 넘겨주기 위하여 때로는 분리시키기도 하고 때로는 통합시키기도 했다§15, 135; 164. 세계를 고정시키는 그런 개념들을 통하여 철학은 보편적인 것과 개별적인 것을 인식해야 한다. 그렇다면 철학은 '인간의 의식 속에서 발견하는 모든 것'으로서, '추상적 개념으로 세계를 완전히 반복하고 반영한 것'이다§15, 135-136; 164. 그것은 판단 상호 간의 조화를 통하여 '하나의 사상'으로 통합하는데, 그러한 조화는 '공동의 인식근거인 직관적 세계 자체의 조화와 통합'에서 생겨난다§15, 136; 165.

쇼펜하우어는 제1권의 마지막 장에서 실천적 이성의 영역, 즉 '덕'과 '좋은 삶'의 문제를 다루고 있다§16, 137; 166. 칸트가 이성을 '모든 덕의 직접적인 근원'인 '당위의 전당'이라고 서술한 사실에 대하여 쇼펜하우어는 비판적인 태도를 나타낸다. 그는 인간의 도덕적 행위를 추상적 개념이 존재하는 결과로 보았다. 이성이 없는 동물은 실재하는 객관, 즉 직관적인 표상에 한정되어 있으나, 인간은 추상적인 인식에 의하여 협소한 현실적인 현재 이외에도 과거 전체와 미래와 가능성의 광활한 영역, 즉 삶의 모든 방면을 자유롭게 조망한다§16, 137; 167. 그러나 추상적 인식의 모든 가치는 직관적 인식에 대한 그 관계 속에 존재한다. 따라서 인간의 합리적인 사려분별로 영위하는 추상적 삶은 그가 살고 있는 세계에서의 구체적인 삶의 조용한 반영이다. '실천이성'은 행위가 이성에 의하여 인도되고, 동기가 추상적인 개념인 경우에 나타난다§16, 139-140; 169. 그런데 쇼펜하우어는 '이성적으로 행동하는 것'과 '덕이 있게 행동하는 것'을 별개의 문제로 이해했다. 바로 이 사실에서 쇼펜하우어는 칸트의 윤리학에서 벗어난다. 이성은 커다란 선의와 협력하는 것처럼 커다란 악의에 동조하기도 한다. 이성은 나쁜 의도뿐만 아니라 고상한 의도에 대해서, 그리고 현명한 행위원칙이나 어리석은 행위원칙을 동일하게 실행할 준비를 하고 있다. 여성적이고 수용적이며 보존적인 이성의 특성이 그렇게 만드는 것이다. 이것이 바로 칸트의 실천 이성에 대한 쇼펜하우어의 논박 내용이다. 스토아학파에 의하면, 인간이 실천이성을 사용하여 도달할 수 있는 최고 정점과 그 가장 완전한 발전은 '스토아적 현자im stoischen Weisen’에게서 찾을 수 있다§16, 140; 170. 스토아의 윤리학은 본질적으로 도덕론이라기보다는, 마음의 평정을 통하여 행복을 추구하는 이성적 삶에 대한 지침이다. 이 경우에 도덕적 태도는 목적이 아니라 수단이다. 철저하게 반칸트주의적이다. 따라서 쇼펜하우어는 스토아 윤리학을 베다, 플라톤, 기독교, 칸트의 덕 윤리학과 구분해서 본다. 스토아 윤리학의 목적은 행복이다. 그러나 그 행복은 내적 평화와 마음의 평정으로 확실하게 얻을 수 있고, 그러한 평정은 덕에 의해서만 도달할 수 있다§16, 140; 171.

쇼펜하우어는 스토아 윤리학의 기본 정신을 이렇게 이해했다. 그들은 인간의 커다란 특전인 이성을 통하여 삶에 가득한 각종의 시름과 고통으로부터 단번에 완전히 구출할 수 있는 방법을 찾고자 했다. 욕구와 도피라는 격한 충동에서 오는 격심한 고초와 커다란 불안과 고뇌에 몸을 맡기는 것보다는 이성을 적절히 사용하여 그런 고뇌를 초월하여 불사신이 될 수 있다고 생각했다§16, 141; 171. 삶에는 고뇌와 고통이 따르니 그것들에서 벗어나거나 아니면 삶을 버리는 것이 좋다. 또한 그들은 결핍이나 고뇌는 사물을 갖지 않는 데서

가 아니라 갖고 싶지만 갖지 못하는 데서 생긴다는 것을 알았다. 모든 고통은 우리의 기대와 실제 사이의 불균형에서 생기지만, 그런 불균형은 인식 속에만 깃들어 있는 것이 분명하며, 더 나은 통찰로써 완전히 없어질 수 있을지 모른다. 그러므로 우리는 세계 속의 사물이 되어가는 과정에 대한 지식을 가져야 한다. 성취된 소망은 지속적인 만족을 줄 수 없고, 모든 소유물과 행복 역시 단지 우연으로부터 시간을 정하지 않고 빌린 것에 불과하다. 모든 고통과 망상, 그리고 환희조차도 마음의 평정 앞에서는 들어설 자리가 없다. 모든 고통, 고뇌, 불안, 그리고 만족과 불만족은 우리의 의지로부터 나온다. 따라서 의지를 통제하고 마음의 평정에 도달하는 것, 자기 자신과 합일하여 사는 것이 행복이다. 이것이 스토아 도덕의 핵심이다§16, 141-144; 171-174. 쇼펜하우어는 스토아 윤리학은 인간의 이성을 신성한 목적에 활용하려는 무척 존중할 만한 시도라고 평가한다§16, 145; 175. 그러나 유감스럽게도 이성이 삶의 부담과 고뇌에서 벗어나게 하여 우리를 행복으로 이끌기에는 역부족이다§16, 146; 177. 고뇌하지 않고 살아가려는 것은 완전히 모순이다. '복된 삶'이라는 말 자체도 모순이다. 그래서 스토아의 행복한 삶에 대한 윤리는 자살을 권고하는 역설까지 이어진다. 마음의 평정, 만족과 행복을 구가하는 스토아 윤리학의 근본사상은 인류의 본성에 정면으로 배치하게 되는 내적 모순에 직면한 것이다. 그래서 쇼펜하우어는 인도의 지혜가 보여주는 세계 극복자에게, 그리고 자발적인 속죄자, 그리고 완전한 덕, 신성, 숭고함을 지니고도 극도로 고통받는 상태에서 심오한 생명과 가장 위대한 시의 진실성을 지니고서 우리 앞에 서 있는 기독교의 구세주에게 시선을 돌리고 있다§16, 147; 178.

제4장
제2권 의지로서의 세계
(첫 번째 고찰: 의지의 객관화)

"그는 우리들 속에 깃들어 있다. 지하세계에나,
하늘의 별들 속에서가 아니라, 이 모든 일을 생기게 하는 것은
우리 마음속에 살아 있는 영혼이다."

-- 아그리파 폰 네테스하임, 『에피스툴라에』 제15권 14장

1. 개요: 삶의 의지의 객관화로서의 세계

표상의 너머에 있는 것, 즉 칸트가 '물자체'라고 부른 것을 쇼펜하우어는 '의지'라고 말한다. 칸트의 물자체는 지각으로 알 수 없는 존재하는 미지의 존재이지만, 쇼펜하우어에게 그것은 모든 표상을 통하여 객관화하는 의지 자체였다. 따라서 오직 하나의 의지만이 있을 뿐이다. 그러나 그 하나의 의지는 시간과 공간, 인과 법칙을 통한 객관화를 통하여 다수의 표상으로 드러난다. 쇼펜하우어는 중력, 자기력, 인

력과 척력, 동물적 본능, 인간의 욕망 등이 모두 의지의 객관화라고 본다. 주관인 동시에 객관인 우리의 신체 역시 의지가 객관화한 것이다. 신체를 성립하게 하는 모든 과정과 개별적인 행위들과 그 조건들, 그리고 행위를 수행하는 신체까지도 의지의 객관화에 속한다. 신체의 부분들도 의지를 실현하는 주요 욕망과 상응한다. 치아, 목구멍 등은 굶주림의 객관화이고, 생식기는 성욕의 객관화이며, 손과 다리는 포획 욕망의 객관화를 반영한다. 의지는 지식이나 목표가 없는 삶에의 맹목적인 충동이다. 결국 의지는 삶에의 의지이다. 표상으로 드러나는 경험적 현실은 삶에의 의지가 객관적으로 드러난 현상이다.

물자체는 그 자체로서는 객관이 아니다. 모든 객관은 이미 물자체의 현상일 뿐이고, 물자체가 아니기 때문이다. 물자체를 객관적으로 사고하려면 그것은 어떤 객관적인 형태, 즉 어떤 특정한 현상으로부터 명칭과 개념을 빌려오지 않으면 안 된다. 물자체의 모든 현상 가운데서 진보한 인식에 의하여 직접 비추어진 가장 완전한 형태의 현상은 바로 인간의 의지이다. 지금까지 우리는 자연 속에 작용하는 모든 힘의 본질이 의지와 동일하다는 사실을 간과해 왔다. 물자체로서의 의지는 그 현상과는 전혀 다른 것이며, 현상의 모든 형식으로부터도 완전히 자유로운 것이다. 모든 현상 형식은 의지 그 자체와는 관계가 없고, 그것이 나타나는바 의지의 객관성에 관계할 뿐이다. 표상으로서의 세계는 의지의 객관화 현상이 충족근거율에 의하여 우리에게 나타난 세계인 것이다.

쇼펜하우어의 '고유한 사상'은 "세계는 나의 표상이다"라는 인식에서 시작하고 있지만, 그 표상을 규정하는 것은 근거율과 개체화의 원리, 그리고 공간과 시간, 인과성이다. 칸트는 현상의 너머에 물자체를 상정하였고, 셸링은 그것을 다시 의지라고 불렀으나, 쇼펜하우어는 이 모든 현상이 인식할 수 없는 물자체이자, 세계를 이루고 있는 하나의 의지가 객관화한 것이라고 보았다. 그는 의지를 비이성적이고 맹목적인 충동이라고 규정함으로써 프로이트의 무의식 개념을 선취하기도 했다. 물자체로서의 의지는 파괴할 수 없는 인간의 진정한 내적 본질을 이룬다. 이런 의지는 그 자체로 무의식적이다. 또한 물리-화학적 힘, 생명충동, 자기보존충동, 성충동 역시 의지의 현상이다. 의지는 개체의 기초를 이루는 원형인 이념 속에서 직접 객관화하며, 이성을 그 도구로 삼고 있다. 이념은 모든 현상이 갖는 영원불변하는 형상으로서 주체의 객관존재이고, 근거율의 너머에 있다. 이념의 인식은 천재와 같은 순수, 무관심, 몰입(예술의 근원)의 방식으로 가능하다. 이념으로부터 공간과 시간의 개별화 원리에 따라서 다양한 현상이 생겨난다. 음악은 이념의 모방이 아니라 의지 그 자체이다.

맹목적 충동과 부단한 추구로서의 의지는 결코 만족과 고요한 상태에 도달할 수 없다. 의지는 언제나 노력하지만 결코 목적을 성취하지 못한다. 그것은 의지가 객관화한 인간의 삶에서도 동일하게 관찰할 수 있다. 인간은 부단하게 만족과 행복을 추구하지만 그것을 성취할 수 없다. 행복은 욕망과 고뇌로부터의 해방이지만, 성취한 만족이 권태로 변하고 그 자리에 또 다른 욕망이 생겨나기 때문에, 우리가 살아 있는 동안에 고통으로 벗어날 가능성은 없다. 그런데 모든 사람은 삶에의 의지를 맹목적으로 추구하기 때문에 다른 사람의 희생을 바탕으로 자기 존재를 확립하고자 한다. 이 세계는 고통을 피하기 위해서 자기 자신과 적대하는 모든 것을 말살하려는 끝없는 전쟁터로 변한다. 그리하여 인간을 괴롭히는 가장 중요한 악의 원천은 인간 자신이 되고, 인간은 인간에 대하여 늑대와 악마가 되면서, 단테의 지옥을 능가하는 세계를 만들게 된다. 이처럼 이 세계에서 고통과 악이 팽배한 것은 궁극적으로 물자체의 본성, 즉 삶에의 맹목적, 생물학적 충동인 의지 그 자체 때문이다.

　제2권은 제17장에서 29장까지이고, 주로 의지로서의 세계와 그것이 표상으로 객관화하는 과정들, 그리고 의지 자체의 성격 규정 등이 다루어지고 있다.

2. 수학, 자연과학, 철학 §17

　이성은 직관적인 표상을 추상적인 개념이 되게 함으로써 학문적 가치와 내용을 정비하는 역할을 수행한다. 따라서 우리에게 완전히 낯설고 의미 없는 직관적 표상은 이성에 의하여 이해 가능한 것이 되는 것이다. 그래서 쇼펜하우어는 수학, 자연과학, 철학에 눈을 돌리면 그 의미가 보다 분명해질 것이라고 생각한다§17, 151; 181. 철학에서 쇼펜하우어가 제시하는 의견은 분명한 것 같다. 그는 우선 객관과 표상을 구분하려는 시도에 대해서는 회의적이다. 그보다는 모든 객관은 언제나 주관을 전제하고 있으므로, 객관과 표상이 결국 같은 것이라는 생각을 내세웠다. 그리고 근거율이야말로 이를 가능하게 하는 근본 원리였다. 이를 바탕으로 쇼펜하우어는 제1권에서 외부세계의 실재성에 대한 논쟁을 비판적으로 접근할 수 있게 된다.

수학은 직관적 표상들이 시간과 공간 속에서 어떻게 크기를 갖는가를 보여준다§17, 152; 182. 자연과학은 불변의 형태에 관한 형태학Morphologie과 변화하는 물질에 대한 원인학Ätiologie으로 구분할 수 있다. 형태학의 전체 외연은 '자연사'이며, 식물학과 동물학처럼 개체가 변하더라도 변함이 없는 유기적, 직관적 표상 내용을 알려준다§17, 152; 182-183. 그것은 자연 사실들을 일정한 체계에 따라서 분류, 통합, 정리, 개념화함으로써 모든 형태를 개관할 수 있게 한다. 여기에서는 모든 개체가 그것과 동일한 개체에서 생식을 통하여 발생하므로, 그러한 형태에서의 '물질의 이행', 즉 '개체의 생성'으로서의 변화 자체에는 주목하지 않는다§17, 153; 183. 그러나 생리학 Physiologie과 같은 원인론적 자연과학에서는 사정이 다르다. 역학, 물리학, 화학, 그리고 생리학의 영역에서는 어떤 물질의 상태 변화가 어떤 조건에서 발생하는가를 증명하는 것, 즉 '설명Erklärung'을 중시한다.

문제는 이와 같은 자연과학, 즉 형태학과 원인학으로 현상들의 내적 본질에 접근할 수 있는가이다. 형태학은 우리 앞의 수많은 현상을 친족성과 유사성에 따라서 분류하지만, 그러한 표상들은 우리에게 여전히 낯선 상태로 있다§17, 153; 184. 원인학 역시 물질이 원인과 결과의 법칙에 따라서 한 상태에서 다른 상태로 이행하는 것을 보여주면서, 왜 필연적으로 그렇게 되는가를 설명해주지만, 현상의 내적 본질에 대해서는 조금도 해명하지 못한다§17, 154; 184. '자연력Naturkraft' 으로 불리는 이 내적 본질은 원인학적 설명의 영역 밖에 있으며, 자연력의 현상이 나타내는 불변의 항구성에 대한 조건들이 원인학에 알려질 경우에 그것을 '자연법칙Naturgesetz' 이라고 부른다. 예를 들면 역학은 물질, 중력, 불가입성, 충돌에 의한 운동의 전달성, 강성 등 자연력을 규명할 수 없는 것으로 전제하고, 그것들이 특정한 조건에서 필연적으로 나타나는 것을 자연법칙이라고 부르고 있다§17, 154; 185. 원인학은 이러한 자연법칙이 어떤 장소와 특정한 시간에 나타난다는 것을 알고 있을 뿐이다. 그러나 그 법칙에 의하여 모습을 드러낸 '힘 자체', 즉 '현상들의 내적 본질'은 원인학의 차원에서는 언제나 영원히 '하나의 비밀이며, 아주 낯선 것이고 미지의 것'으로 남아 있다§17, 154; 184. 따라서 원인학 역시 '설명할 수 없는 힘들의 목록'만을 우리에게 보여줄 뿐이어서, 우리가 표상으로 알고 있는 현상들 이상의 것들에 대해서는 아무것도 해명하지 못하는 것이다§17, 155; 186. 그리하여 우리는 현상에 대한 설명을 모두 들은 후에도 그 현상들은 우리가 그 의미를 이해할 수 없는 단순한 표상으로 우리 앞에 낯설게 존재하고 있다. 이러한 사실에서 쇼펜하우어는 우리가 외부로부터는 결코 사물의 본질에 도달할 수 없다고 한 것이다§17, 156; 187.

3. 신체와 의지의 객관화 §§18-21

　연구자인 나의 몸, 즉 신체가 단지 '인식하는 주관'이고 '표상'에 불과하다면, 표상으로 존재하는 세계와 그 의미를 조사하는 것이 불가능할 것이다. 그러나 연구자 자신, 즉 나는 세계에 뿌리를 내리고 있으며, 세계 속에 개체로서 존재하고 있다. 그리하여 표상으로서의 세계 전체를 규정하고 있는 인식 작용은 신체를 통해서 세계를 매개하고 있으며, 그 신체의 감응이 오성에게는 그 세계를 직관하는 출발점이 된다. 그렇다 하더라도 여전히 "신체는 순수하게 직관하는 주관 그 자체에는 다른 모든 표상과 마찬가지로 하나의 표상이며, 여러 객관 중 하나의 객관이다." 따라서 연구자는 "자신의 신체가 나타내고 행동하는, 자신이 이해하지 못하는 내적인 본질에 대해서는" 더 이상 통찰할 수 없게 된다§18, 156-157; 188.

　바로 이 자리에서 일대 반전이 일어난다. 의지Wille 개념의 도입이 바로 그것이다. "오히려 개체로서 나타나는 인식 작용의 주관에는 비밀스런 말이 주어졌는데, 이 말은 의지라고 불린다. 오직 이 말만이 연구자에게 그 자신의 현상을 푸는 열쇠를 주고, 의미를 밝혀주고, 그의 존재, 행위 및 운동의 내적 충동을 보여준다"§18, 157; 188. 그리하여 신체는 두 가지 방식으로 나타난다. 그 하나는 앞에서 설명한 것처럼 '오성적인 직관 속의 표상'이자 '객관들 중의 객관'으로서, 그리고 그 '객관의 법칙이 지배하는 것'으로 주어진다. 다른 하나는 '누구에게나 직접 알려진 것', 즉 '객관화한, 즉 직관 속에 나타난 의지의 행위'로서의 '신체행위'로 나타난다. 의욕과 행동은 현실적으로 같은 것이고, "의지의 참되고 진정한 모든 직접적인 행위는 즉각적이고 직접적으로도 나타나는 신체의 행위이다." 여기에서 신체행위와 의지행위는 동일한 것이다. 쇼펜하우어는 표상으로서의 신체를 '직접적 객관'으로, 의지로서의 신체를 '의지의 객관성'으로 규정했다. 그리하여 "의지는 신체의 선천적인 인식이고, 신체는 의지의 후천적인 인식이다"라는 명제가 성립한다§18, 158; 189.

따라서 신체에 미치는 모든 작용은 의지에게 영향을 주며, 그것이 의지에 반할 때에는 고통을, 의지에 따를 때는 쾌감 또는 만족감을 유발한다§18, 158; 190. 고통과 쾌감은 표상이 아니고, 의지의 현상인 신체 속에서 일어나는 '의지의 직접적인 감응'이다. 더 나아가서 쇼펜하우어는 신체가 오성을 통한 간접적인 객관이 아니고, 인식 작용의 직접적인 객관인 경우에는 시각, 청각, 촉각의 감응 역시 의지의 객관성에 속한다고 보았다§18, 159; 190. 의지가 느끼는 고통이나 쾌감은 때때로 신경쇠약Nervenschwäche이나 우울증hypochondrische Stimmung을 유발하기도 한다. 그러므로 신체는 쇼펜하우어에게 '의지를 인식하기 위한 조건'이며, "신체 없이는 이러한 의지를 본래 표상할 수 없다"§18, 160; 191. 그리하여 "내가 나의 의지를 본래 객관으로 인식하는 한에서 나는 그 의지를 신체로 인식"하는 것이다§18, 160; 191. 우리는 쇼펜하우어가 발견한 철학적 진리를 '신체와 의지의 동일성', '의지의 객관성'으로서의 신체, 그리고 '나의 신체'는 '나의 표상'이자 '나의 의지'라는 사실로 정리할 수 있다§18, 161; 192. 인식하는 주관은 자신을 하나의 표상으로 인식하면서 동시에 하나의 의지로 인식한다§19, 162; 193. 왜냐하면 그의 신체는 세계 속에서 유일한 실제적인 개체, 즉 '주관의 유일한 의지 현상'인 동시에 '유일한 직접적 객관'이기 때문이다§19, 162; 194.

　신체가 의지의 객관성이라면, 그가 수행하는 개별적인 행위와 그 조건들은 물론이고, 그 신체를 성립하게 하는 모든 과정까지 의지의 객관성에 속할 것이다. 우리가 표상으로서 인식하는 세계의 모든 것이 실제로는 의지가 객관적으로 드러난 현상들이기 때문이다. 따라서 신체의 각 부분들도 의지의 객관성이며, 이를 바탕으로 쇼펜하우어는 신체의 목적론적 설명을 시도한다. 여기에서 신체의 부분들은 의지를 실현하는 주요 욕망과 상응한다는 사실이 드러난다. "치아, 목구멍, 장기는 객관화된 배고픔이고, 생식기는 성욕의 객관화이며, 물건을 잡는 손이나 재빠른 발은 그것들이 표현하는 보다 간접적으로 된 의지의 노력과 상응한다"[§20, 168; 201]. 이처럼 우리는 표상들 속에서 객관화한 의지를 분석함으로써 '전체 자연의 심오한 본질'을 인식할 수 있는 것이다[§21, 170; 203]. 그리하여 인간과 동물의 의지뿐만 아니라 식물 속에서 작용하고 있는 힘, 결정체를 만드는 힘, 자석을 북극으로 향하게 하는 힘, 서로 다른 금속이 충돌할 때 그것에 전해지는 힘, 물질에서 서로 당기고 밀어내는 힘, 돌을 지면으로 지구를 태양으로 끌어당기는 중력조차도 그 내적 본질에서 보면 모두가 동일한 의지인 것이다. 그러나 현상은 표상에 불과하고, 모든 표상과 모든 객관은 현상이다. "그러나 의지만은 물자체이다. 그 자체로서 의지는 결코 표상이 아니고, 표상과는 전적으로 다른 것이다. 모든 표상, 모든 객관은 의지가 현상으로 나타난 것, 가시적으로 된 것, 객관화한 것이다. 의지는 모든 개체와 아울러 전체의 가장 심오한 부분이자 핵심이다. 의지는 맹목적으로 작용하는 모든 자연력 속에 나타나고, 인간의 숙고된 행동에서도 나타난다. 그런데 이 둘의 커다란 차이는 나타나는 정도의 차이일 뿐이지, 나타나는 것의 본질의 차이는 아니다"§21, 170; 203-204.

4. 의지로서의 물자체와 자연에서의 의지 §§22-25

모든 객관은 물자체의 단순한 현상이지만, 물자체는 결코 객관이 아니라는 사실에 어려움이 있다. 칸트의 물자체 개념은 상정한 것이지 경험적으로 발견한 것이 아니다. 따라서 그 명칭은 미지의 것을 뜻하는 '미지수의 단순한 부호'§22, 172; 205로 머물러야 할 것이다. 그럼에도 불구하고 우리가 물자체에 대해서 말하려면 어떤 객관적인 형태, 즉 어떤 특정한 현상으로부터 명칭과 개념을 빌려오지 않으면 안 된다. 그리하여 쇼펜하우어는 '물자체의 모든 현상 가운데서 가장 완전한 현상'인 인간의 '의지'를 착안했다§22, 171; 204. 물론 그는 의지라는 표현을 인간과 동물의 차원을 넘어서서 보다 넓은 의미에서 사용한다. 그래서 지금까지 자연 속에서 추동하고 작용하는 모든 힘의 본질이 의지와 동일하다는 사실을 간과해 왔다는 사실을 애써 지적한다§22, 171; 205. 그는 의지라는 말로써 '모든 현상의 본질' 또는 '자연 속에 있는 모든 힘'을 나타내고자 했다§22, 172; 206. 여기에서 '힘'은 '객관적 세계의 직관적인 인식'인 현상과 표상의 존재로부터 끌어낸 개념이다. 그것은 인과성의 법칙이 지배하는 마지막 지점에서 필연적으로 전제하는 개념으로서 모든 원인의 원인이다. 그러나 의지 개념은 그 근원이 현상에 있지 않고, 단순한 직관적인 표상에도 없으며, 가장 직접적인 의식 내부에서 생기는 유일한 개념이다. 따라서 힘을 의지로 비유하는 것은 '미지의 것'을 '무한히 보다 잘 아는 것'으로 바꾸는 것과 같다§22, 173; 206.

물자체로서의 의지는 현상의 모든 형식으로부터 자유롭다. 현상의 형식은 의지의 객관성에만 관계할 뿐이고 의지 자체와는 아무 관계도 없다. '주관에 대한 객관'이라는 형식도 의지와 무관하며, 근거율의 지배를 받는 시간과 공간도 의지와는 무관하다. "의지는 개체화의 원리인 시간과 공간 밖에, 즉 다원성의 가능성 바깥에 존재하는 것으로의 하나이다"§23, 174; 208. 물자체로서의 의지는 본래 근거율의 영역 바깥에 있으므로, 전적으로 어떤 근거도 없고 모든 다원성으로부터 자유롭다. 아무런 근거도 갖고 있지 않은, 이른바 '의지의 무근거성Grundlosigkeit des Willens'은 물자체로서의 의지를 나타내는 말이다. 그와 같은 의지는 현상, 표상, 주관에 대한 객관, 시간과 공간 등, 이 모든 형식을 통하여 여러 가지 형태로 그 자신을 객관화한다. 여기에서 쇼펜하우어는 시간과 공간을 '개체화의 원리' 또는 '개체의 존재근거'라고 부른다§23, 173; 207. 단 하나로 존재하는 의지가 시간과 공간을 통하여 여러 가지 모습으로 출현하기 때문이다. 그로 인하여 드러나는 것은 의지 자체가 아니라 의지의 현상일 뿐이다.

의지가 인간의 자기의식 가운데서 객관화하면서 '자유의

의식'이 출현할 수 있다. 그러나 그 개체 또는 개인 역시 물 자체로서의 의지가 아니라 이미 근거율에 따르는 의지의 현상에 지나지 않는다. 이로 인하여 사람들은 자신이 전적으로 자유롭다거나 다른 생활태도를 가지고 다른 사람이 될 수 있다고 생각하면서도, 실제로는 그가 자유로운 것이 아니라 필연성에 놓여 있으며, 아무리 성찰하고 결심해도 자신의 행동을 변화시킬 수 없다는 사실을 깨닫고서 놀라게 되는, 이른바 윤리적인 문제 앞에 서게 된다§23, 174-175; 209. 이 문제는 제4권에서 다시 상세하게 다루어진다.

의지는 인간의 사유, 동물의 활동, 식물의 생장에서 그 모습을 드러낸다. 마찬가지로 의지는 무기물의 자연 세계에서도 객관화하고 있다. 그리하여 "자연 속에서 보편적 불변의 법칙에 따라 작용하는 모든 힘, 모든 물체의 운동을 지배하는 힘, 아무 기관도 없이 자극에 대한 감수성이 없고 동기에 대한 인식도 없는 힘"에 이르기까지 의지의 현상이 아닌 것이 없다§23, 180; 215. 쇼펜하우어는 가장 일반적인 자연력, 즉 중력, 응집력, 불가입성에서 보다 복잡한 화학적 성질, 전기, 자성을 설명한 연후에 유기체나 동물의 생명, 인간의 인식작용과 의욕을 의지의 현상으로 열거하고 있다§24, 189; 226. 물이 낮은 곳으로 흘러가려는 엄청난 충동, 자석이 언제나 북극을 향하려는 집요함, 쇠가 자석에 달라붙으려는 동경, 전기의 양극이 합치려는 격렬함처럼 무기물계에도 의지의 현상들은 어김없이 드러난다. 중력처럼 약하게 드러난 의지 현상이 있는가 하면 방해할수록 더욱 거세지는 인간의 소망 처럼 보다 격렬하게 드러난 의지 현상도 있다. 이처럼 의지 는 세계의 모든 사물의 존재 그 자체이고 모든 현상의 본질 을 나타내고 있다§23, 181; 216. 쇼펜하우어는 마치 오일러가 중 력의 본질을 물체의 고유한 '경향과 욕망'과 같은 것으로 이 해했듯이, "자연의 모든 물체에서 나타나는 규명할 수 없는 힘들은 정도의 차이만 있을 뿐 성질상 내 안의 의지와 동일 하다는 것을 인식해야 한다"고 강조한다§24, 190; 228.

의지의 객관화는 여러 단계에서 다양한 등급을 가지고 나 타난다. "이러한 객관화의 정도는 돌에서보다 식물에서 더 높고, 식물에서보다 동물에서 더 높다. 그러니까 의지가 나 타나 가시적으로 되고, 객관화되는 것에는 가장 약한 여명 과 가장 밝은 햇빛 사이처럼, 가장 강한 음과 가장 약한 음

사이처럼 실로 무한한 등급이 있다"§25, 194; 232. 실로 이런 여러 단계에서 의지 현상의 다원성은 의지가 시간과 공간을 통하여 개별화함으로써 나타난다. 더 나아가서 쇼펜하우어는 '사물들의 영원한 형식' 또는 '객관화의 유례없는 전범'으로서 '의지의 객관화의 단계들Stufen der Objektivation des Willens'을 플라톤의 이데아와 같은 것으로 해석한다§25, 195; 234. 이것들은 생멸하는 개체들과는 달리, 늘 존재하지만 생성이 이루어지는 것은 아니다. 그는 칸트가 '이성의 추상적 산물'이라는 표현이 플라톤의 이데아를 잘못 사용한 것이라고 지적하면서, 쇼펜하우어 자신의 '이데아'는 다원성과는 전혀 무관한 칸트가 말한 '물자체'이자 '의지의 객관화의 모든 특정한, 고정된 단계들'을 뜻한다고 강조하였다§25, 195; 235.

5. 의지 객관화의 등급과 자연적 힘의 내적 본성 §§26–27

모든 현상 형식은 의지 그 자체와는 관계가 없고, 그것이 나타나는바 의지의 객관성에 관계할 뿐이다. 표상의 세계는 의지의 객관화 현상이 충족근거율에 의하여 우리에게 나타난 세계이다. 의지의 객관화의 가장 낮은 단계는 일반적으로 현존하는 모든 물질에 예외 없이 나타나는 중력이나 불가입성이다. 그리고 강성, 유동성, 탄성, 전기, 자성, 화학적 특성과 같은 자연의 일반적 힘들이 있다§26, 196; 235. 이러한 힘 자체는 모든 원인과 결과에 선행하는 전제 조건들이다. 이러한 자연력은 그 자체로는 '근거가 없는 것'으로서 원인의 연쇄나 인과율의 영역 밖에 있다가§26, 196; 236, 이처럼 다양한 형태로 객관화한 것이다. 의지의 객관성의 높은 단계에서는 '개체성Individualität'이 의미심장하게 나타난다. 특히 인간의 경우에는 개인적 성격의 차이가 너무나 두드러져서, 각각의 개인은 저마다 특징적인 인상을 드러낸다. 쇼펜하우어는 어떤 동물도 그처럼 뚜렷한 개성을 갖고 있지 않으며, 오직 고등동물인 인간에게서만 그렇다고 말한다§26, 196; 236. 그는 인간과 동물의 고유한 차이에 대하여 이렇게 말한다.

동물의 경우에는 눈에 띄게 상대방을 선택하지 않고 성욕을 충족하지만, 인간의 경우에는 이러한 선택이 까다롭게, 그것도 어떠한 성찰과도 무관하게 본능적으로 이루어져, 그것이 결국 엄청난 열정으로까지 치닫기도 한다. 그런데 모든 인간은 특별히 규정화한 의지의 현상, 즉 어느 정도는 고유한 이데아로 간주할 수 있는 반면에, 동물의 경우는 종만 아직 특유의 의미를 지닐 뿐, 이러한 개별적 특질이 대체로 부족하다 §26, 198; 237.

이러한 '개별적인 성격의 흔적'은 하등동물로 내려갈수록 점차 사라져서 종의 일반적인 성격만이 남게 되고, 식물은 개체의 고유한 성격을 완전히 상실하여 단지 토양과 기후의 영향이나 다른 우연한 조건으로 설명할 수밖에 없다. 그리하여 자연의 무기물계에서는 단지 결정체만을 어느 정도 개체로 간주할 수 있을지 모르지만 결국 모든 개성은 완전히 사라지고 만다. 무기물적인 자연의 모든 현상은 일반적인 자연력들이 객관화한 단계로서, 이데아처럼 오직 종種 속에서만 나타나기 때문에 개별적인 차이가 없다. 그와 반대로 시간, 공간, 다원성, 원인 등의 조건에 의한 것들은 의지나 이데아의 개별적인 현상이기 때문에 중력, 전기, 자력처럼 서로 다른 모습으로 나타난다. 그러나 자연력의 현상이 이처럼 다양하게 나타나더라도 그 본질은 단일하고, 그러한 자연력은 일정불변한 자연법칙에 의하여 출현한다§26, 199; 238-239. 쇼펜하우어는 이처럼 '모든 일반적이고 근원적인 자연력'이 '그 내적 본질에 있어서 낮은 단계에서의 의지의 객관화', 즉 가장 낮은 '의지의 객관화의 단계'라고 설명하면서, 의지가 순차적으로 객관화하는 그 각각의 단계들을 플라톤적 의미에서 '영원한 이데아'라고 불렀다§26, 201; 241.

그가 보기에 자연법칙은 '그 현상의 형식에 대한 이데아의 관계'인데, 그 형식은 시간, 공간, 인과성이다. 시간과 공간을 통하여 이데아는 무수한 현상으로 증가하고, 인과성의 법칙에 따라서 질서가 부여된다. 시간, 공간, 물질은 '상이한 현상들의 한계점의 기준'이 되는 이 법칙에 의하여 여러 현상들을 규정한다. 다시 말하면 이 기준에 의하여 여러 현상들에 공통적으로 속하는 것들의 동일성을 부여하는 것이다. 이처럼 인과성의 법칙은 실체의 불변성과 결합하고 있어서, 어떤 현상과 다른 현상 사이의 상호적인 의미를 갖게 한다. 시간은 동일한 물질에 대해서 상반된 규정을 할 수 있는 가능성이고, 공간은 모든 상반된 규정 아래서도 동일한 물질의 고정 가능성이다§26, 202; 241. 그러므로 인과성의 법칙은 시간과 공간, 그리고 이 둘의 합일에서 존재하는 물질에 대한 관계에서만 의미를 갖게 된다. "인과성의 법칙은 자연력의 현상이 그 법칙에 따라 시간, 공간 및 물질을 나누어 갖는 경계들을 규정하는 반면, 근원적인 자연력 자체는 물자체로서 근거율에 따르지 않는 의지의 직접적인 객관화로서 이들 형식의 바깥에 존재하고, 모든 원인학적 설명은 이들 형식 내에서만 타당성과 의미를 가질 뿐이며, 바로 그 때문에 자연의 내적 본질에 결코 이를 수 없다"§26, 203; 242. 왜냐하면 힘 자체는 의지의 현상이고, 그 자체로는 '근거가 없어서grundlos' 근거율의 형태에 따르지 않기 때문이다. 힘은 시간의 바깥에 있고, 어디에나 존재한다. 모든 시간은 그 힘의 현상을 위해서만 존재할 뿐이고, 그 힘 자체에는 아무 의미도 없다§26, 204; 243-244.

그렇다면 인과성의 법칙은 개별 현상들을 위하여 시간과 공간 속에 위치를 정하는 것에 불과할 것이다. 쇼펜하우어가 보기에 이를 가장 잘 설명해주는 것은 말브랑슈의 기회원인론causes occasionelles이다. 세계 속의 모든 사물 작용과 인간 행위는 그때마다 신이 작용한 기회원인에 불과하다는 것이다. 모든 자연적인 원인은 기회원인에 지나지 않는다. 모든 가시적인 세계는 의지의 단계적인 객관화이고, 그러한 현상의 내적 본질은 '근거가 없고', 따라서 '근거율을 적용하지 못하는' 의지 자체이다. 이런 사실에서 쇼펜하우어는 "세계 내의 어떤 사물도 절대적이고 일반적으로 자신의 존재의 원인을 갖는 게 아니라, 바로 여기에서 바로 지금 존재하는 원인을 가질 뿐이다"라고 말한다§26, 205-206; 245-246. 근거율이 미치는 현상들 속에서는 하나의 동일한 의지가 다양한 형태로 나타나지만, 의지 그 자체는 아무런 근거도 규정도 없으므로 모든 것으로부터 자유롭다.

이제 우리가 할 수 있는 일은 '자연 속의 현상에 대한 원인을 찾아내는 것'이다. 그것을 규명하는 것이 원인학이다. 보편적인 자연력은 시간, 공간, 물질, 그리고 인과성의 법칙에 의하여 특정한 방식으로 객관화하고 개별적인 현상으로 나타난다. 그와 반대로 형태학은 개별적인 존재가 출현하는 원인에 대해서는 무심하지만 생식을 통하여 동일성을 유지하는 유기체의 존재 유형에는 큰 관심을 보인다. 라마르크가 『동물 철학』 제2권 3장에서 생명은 열과 전기물질만으로 충분하게 만들 수 있다고 했을 때, 그는 분명히 열과 전기를 물자체로, 동식물계의 생명은 그 현상으로 생각했을 것이다. 결국 유기체는 물리적, 화학적, 기계적 현상들의 집합체이며, 우연한 '자연의 유희'가 그것을 완성시킨다는 것이다§27, 211; 252. 그러나 의지의 객관성의 보다 높은 단계를 보다 낮은 단계로 환원하려는 시도는 자연과학의 오류이다§27, 212; 254. 물자체, 의지 자체는 어떤 근거도 갖지 않은 것이어서, 생명의 신비를 풀기가 쉽지 않기 때문이다. 그래서 쇼펜하우어는 칸트가 "뉴턴 같은 사람에게 풀줄기에 대한 설명을 기대하는 것은 이치에 맞지 않는다"KU, §75, 338고 말한 사실을 지지한다. "뉴턴 같은 사람은 풀줄기를 물질적이고 화학적인 힘들의 현상으로 돌리고, 이들 힘의 우연한 결합, 그러므로 단순한 자연의 유희에 따라서 풀줄기가 된 것으로 본다"§27, 212; 254. 그렇다면 왜 쇼펜하우어는 말브랑슈의 기회원인론은 지지하면서도 라마르크와 뉴턴의 자연유희설은 비판하는 것일까? 쇼펜하우어 스스로도 의지의 객관화의 정도는 "모든 이념 속에서, 무기적 자연의 모든 힘과 유기적 자연의 모든 형태 속에서 나타나는, 즉 표상의 형식을 취하고, 객관성으로 들어가는 하나의 동일한 의지"§27, 213; 254라는 사실을 간과해서는 안 된다고 강조하지 않았던가? 쇼펜하우어의 생각은 이렇다. 세계의 모든 사물은 하나의 동일한 의지의 객관성이다. 이것은 물론 그 내적 본질의 측면에서 본 것이다. 그래서 세계의 사물들 사이에는 유사성이 존재하고, 불완전한 모든 것 속에도 이미 그다음에 존재하게 될 보다 완전한 것의 흔적, 전조, 자질이 보일 수 있다. 그리고 이 모든 형식은 표상으로서의 세계에만 속하므로 그 가장 보편적인 형식인 시간과 공간 속에서 그 근본 유형, 전조, 자질을 증명할 수도 있을 것이다§27, 214;255.

여기에서 쇼펜하우어는 현상과 물자체의 차이에 주시한다. 그는 모든 이념 속에 객관화한 의지의 동일성을 의지가 나타나는 개별적인 이념 자체의 동일성으로 왜곡하지 않아야 한다고 강조한다. 다시 말하면 화학적 힘과 전기력이 중력과 내적 유사성이 있고, 전자가 후자보다 더 높은 힘이지만, 전자를 후자로 환원하는 것은 안 된다는 것이다§27, 214-215; 256. 객관화의 단계 차이를 무시하고 보다 높은 단계의 객관화 현상을 보다 낮은 단계의 현상으로 환원하는 것은 잘못이다. 그러나 이와 반대로 보다 낮은 이념이나 의지의 객관화를 제압한 보다 완전한 이념은 전혀 새로운 성격을 획득하는데, 이로써 의지는 보다 새로운 방식으로 객관화한다. 유기체의 체액, 식물, 동물, 인간은 최초에는 우연발생에 의해 생기지만, 나중에는 배아에 동화함으로써 생겨난다§27, 216; 258. 의지의 객관화의 모든 단계는 다른 단계와 물질, 공간, 시간을 놓고서 다툰다. 여기에서 중요한 것은 의지의 본성이 '투쟁Kampf'이라는 것이다. 동물계 자체에서 모든 동물은 다른 동물의 먹이가 된다. 삶에의 의지는 자기 자신을 소모시키며, 여러 형태로 그 자신의 영양분이 된다. 인간은 자연을 수단, 제품으로 여기며, 자기 자신 속에 투쟁, 즉 '의지의 자기 분열'을 섬뜩하게 드러냄으로써, '인간의 인간에 대한 늑대'가 된다§27, 219; 261. 그리하여 쇼펜하우어는 "사물들 간에 다툼이 없다면, 모든 것이 하나일 것이다"[17]라고 말한 엠페도클레스에 주목하기도 했다§27, 213; 260.

17 아리스토텔레스, 『형이상학』 2, 5(4, p.1000b I).

그런데 칸트와 라플라스의 가설이 보여주는 것처럼, 행성은 '중심 전체의 본래적인 회전의 잔재'이다. 즉, 행성들은 중심 전체가 수축할 때 분리된 것이다. 그러나 중심 자체는 본질적으로 운동하고 있다. 또한 그것은 여전히 돌고 있으면서 동시에 무한한 공간 속을 날거나 아니면 보이지 않는 더 큰 천체의 주위를 돌고 있을 수 있다§27, 220-221; 263. 태양계가 속해 있는 전체 성단이 있고 그것 역시 움직이고 있다는 것이 사실로 드러났다. 그렇다면 전체 중심 태양을 포함한 모든 항성이 이동한다는 추론도 가능할 것이다. 그러나 이로부터 이동 그 자체가 무한 공간에서는 아무 의미도 없다는 사실이 드러난다. 그것은 "허무와 궁극적인 목표의 결여의 표현Ausdruck jener Nichtigkeit, jener Ermangelung eines letzten Zweckes"에 지나지 않는다§27, 221; 263. 이것을 인정하면 무한한 공간과 무한한 시간은 의지의 전체 현상의 가장 보편적이고 본질적인 형식이 되고, 현상은 그 자체로 의지의 전체 본질을 표현하기 위해 존재한다. 그리하여 의지 현상의 본질은 칸트가 반발력과 견인력으로 표현한 물질의 투쟁이다. 그런데 쇼펜하우어는 불독개미의 싸움 이야기 다음에 이 천체 운동에 대한 언급을 하고 있는데, 그 의도는 이처럼 물질이 서로 맞서는 힘들, 곧 의지의 객관화를 이루는 견인력과 반발력 사이의 투쟁 속에서만 자신의 존재를 갖게 된다는 것을 보여주기 위해서였다§27, 221; 264.

의지의 객관화가 가장 낮은 단계는 무기물의 자연 전체와 같이 어떤 인식도 없는 맹목적인 충동이자 어둡고 막연한 활동이다. 물리학과 화학의 영역에 속하는 이런 힘들은 수백만 가지의 각각 동일하고 합법칙적인 현상들 속에서 나타난다. 따라서 그것들은 개별적인 성격의 흔적은 드러내지 않고 시간과 공간, 즉 개별화의 원리에 따라 다양하게 드러날 뿐이다. 식물계의 단계에서도 의지는 여전히 어둡게 활동한다. 동물의 발생과 발육, 그리고 동물의 내부적인 경제성 유지라는 측면에서는 '자극'이 특징적인 현상으로 나타난다. 그러나 동물은 단순 운동을 통해서 흡수 동화하는 자신의 양분을 더 이상 유지할 수 없게 되어서, 결국 알이나 모태에서 분리되는 순간부터 양분을 스스로 찾고 선택해야 한다. 여기에서 개체를 유지하고 종족번식을 위한 '메카네μηχανή', 즉 보조수단이 되는 인식은 뇌수나 신경

절Ganglion을 통해 나타난다. 이러한 인식에 의하여 이끌어진 의지의 발현이라 하더라도 그 맹목적인 충동 때문에 '본능'이 생겨나고, 또한 추상적이고 합리적인 동기에 의한 것처럼 보이는 '예술 충동Kunsttrieb'이 생겨난다. 그리고 가장 높은 단계의 의지의 객관화에서는 직관적 인식의 성찰이자 개념 능력인 이성이 출현한다. 인식은 직관적이든 이성적이든 의지자체에서 생기고, 신체의 기관과 마찬가지로 종과 개체 유지를 위한 단순한 수단으로서 하나의 '메카네'이다. 이로부터 쇼펜하우어는 '예술'과 '덕과 성스러운 것'의 최종목표가 결국에는 "가장 심오한 본질이자 세계로부터의 구원"인 '체념'이라는 사실을 지적한다§27, 222-226; 264-269.

6. 의지의 무시간성과 무근거성 §§28-29

쇼펜하우어는 제2권의 마지막 부분에서 의지의 무시간적 행위와 세계의 악한 모습§28에 대하여, 그리고 의지 자체가 근거, 목표, 의미를 갖지 않았다는 사실에 대해서 중점적으로 분석하고 있다§29. 의지 자체는 물자체이다. 따라서 그것은 다원성이나 변화에서 파악할 수 없다. 플라톤의 이데아(이념들) 역시 쇼펜하우어에게는 단지 '객관화의 등급들의 상이성' 또는 상이한 단계로서, 의지가 객관화한 표상에 지나지 않는다. 자연 만물 역시 의지가 객관화한 것들로서 표상에 불과하다. 그러한 모든 변화에도 불변적인 것은 의지이다. "의지만이 물자체이다. 그러나 모든 객관은, 칸트의 용어를 빌리면 현상이다. 의지는 인간에게서 (플라톤적인) 이데아로서 가장 분명하고도 완전하게 객관화하지만, 그럼에도 이러한 이념만으로는 인간의 본질을 표현할 수 없다"§28, 226; 269. 인간은 무기물, 식물, 동물, 이성의 요소들이 모두 어우러져 있어야 한다. 그것은 마치 나무의 꽃이 잎, 가지, 줄기, 뿌리를 전제하는 것과 같다. 모든 의지 현상의 최고 정점에 인간이 존재한다.

세계 안에서 의지 현상으로 드러나는 모든 존재가 하나의 의지이며, 이런 사실로부터 쇼펜하우어는 '합목적성'의 개념을 도출한다. 이 개념은 이미 칸트가 『판단력비판』에서 제시한 바 있다. 여기에는 "어떤 개별적인 유기체의 모든 부분이 질서 있게 일치함으로써 유기체와 그 유類를 유지하고 그 때문에 그 유의 유지가 질서의 목표로 나타나는 것", 즉 '내적 합목적성'과, "전체 유기적 자연이나 개별적인 동물류類의 유지를 가능하게 함으로써 이러한 목표에 대한 수단으로서 … 비유기적인 자연의 유기적인 자연에 대한 관계 또는 유기적 자연의 개별적 부분들의 상호관계"라는 '외적 합목적성'이 있다§28, 228; 272. 그와 대조적으로 내적 합목적성은 우리에게 의지 자체는 분할할 수 없고 언제 어디서나 존재하는 것이지만, 그 의지의 객관화 현상은 낮은 단계에서는 단일성을 유지하지만 높은 단계에서는 일련의 사정과 발전을 필요로 한다는 것을 보여준다. 이와 같은 의지 자체와 현상, 자유와 필연성의 관계를 설명하기 위하여 칸트는 '예지적 성격'이라는 표현을 사용했다. 쇼펜하우어는 그 말을 "이념 속에서 드러나는 본래적인 의지행위"로 이해한다§28, 229; 273- 274. 그러므로 인간, 동물, 무기적 자연(힘)의 성격은 이 '예지적 성격', 즉 '시간 외적이고 분할할 수 없는 의지 행위'의 현상인 것이다. 이를 바탕으로 쇼펜하우어는 현상에 대해서 다원성과 상이성의 형태를 취하는 이념은 본래 단일한 것이라고 말한다§28, 232; 276. 그것은 마치 동일한 성격이 수백 개의 인생행로로 나타나고, 동일한 주제가 수백 개로 변주되어 나타나는 것과 같다. 이처럼 전체 세계에서 객관화하여 나타나는 것은 하나의 동일한 의지이다. 그러므로 행성의 운행, 황도의 기울기, 지구의 자전, 육지와 바다의 배분, 대기, 빛, 열과 모든 유사한 현상에서처럼 자연의 모든 부분이 서로의 뜻을 받아들이는 것은 그 모든 것이 하나의 의지에서 나오기 때문이다§28, 235; 280.

쇼펜하우어는 자신의 의지철학이 '지금까지 존재하지 않았던 사상'이라고 자부한다§29, 237; 282. 세계는 그 전체의 본질상 의지인 동시에 표상이다. 누구든지 자기 자신이 의지이고, 세계의 내적 본질이 이 의지 속에 존재한다는 것을 안다. 또한 자기 자신이 인식의 주체이고, 세계는 주관의 표상이라는 것을 알고 있다. 표상은 그 자체로 객관과 주관을 전제하고 있는데, 이는 곧 세계가 주관의 의식에 관련해서만 존재 의미를 갖는다는 것을 뜻한다. 표상과 전혀 다른 것은 물자체, 즉 의지이다. 그리하여 누구나 전체 세계 그 자체이자 소우주이며, 이러한 두 세계의 측면을 그 자신에게서 발견한다. 이런 방식으로 자신의 고유한 존재를 인식하는 것은 동시에 전체 세계이자 대우주의 본질까지도 완전히 이해하는 것이다. 그리하여 쇼펜하우어는 대우주를 고찰한 탈레스의 철학과 소우주를 고찰한 소크라테스의 철학은 결국 일치한다고 보았다§29, 238; 283. 의지 자체, 물자체는 '근거율의 영역 바깥에 존재하는 것'으로서, '근거가 없는, 인식하는 존재의 예지적 성격의 표출'이다§29, 239; 284. '모든 목표와 한계의 부재'야말로 '무한한 추구'인 의지 자체의 본질에 속한다§29, 240; 285. 의지의 객관성의 가장 낮은 단계에 속하는 중력은 자신의 최종 목표를 달성하는 것이 불가능하지만 부단하게 노력한다. 의지의 모든 현상에서 성취한 목표는 다시 새로운 경로의 시작이 되는 방식으로 무한히 나아간다. 식물의 정점은 열매와 씨앗이고, 동물의 정점은 생식이다. 최초 개체의 생명은 사라지지만, 새로운 개체는 생명을 이어받아 종을 보존하고 유지한다. '영원한 생성'과 '부단한 지속'은 의지의 본질을 드러낸다. 여기에서 쇼펜하우어는 무언가에 대한 성취의 기대가 빨리 이루어지는 것을 '행복Glück', 그와 반대로 더디게 이루어지는 것을 '고통Leiden'이라고 규정하였다§29, 241; 286. '모든 개별적인 행위'는 목적이 있다. 그것은 의지가 개별화의 원리에 의하여 객관화된 것이다. 그러나 '전체 의욕das gesamte Wollen'에는 목적이 없다. 그것은 개별적인 자연 현상이 아닌, 근거 없는 의지로서의 물자체이다. 그러나 "전체 의지의 유일한 자기 인식은 전체 표상이고, 직관된 전체 의 세계이다. 이 세계는 의지의 객관성이자 의지의 드러남 이고 의지의 거울이다"§29, 같은 곳.

제5장
제3권 표상으로서의 세계
(두 번째 고찰: 근거율에 의존하지 않는 표상)

"영원히 존재하지만 근원이 없는 것은 무엇일까?

그리고 생성하고 소멸하면서도

결코 존재하지 않는 것은 무엇일까?"

— 플라톤, 『티마이오스』 27D

1. 개요: 플라톤의 이데아, 그리고 예술의 대상

쇼펜하우어는 그의 책 제3권 §§30-52에서 의지의 객관화와 이념의 관계를 다룬다. 인간인 우리에게 나타나는 모든 것은 표상으로서의 세계이다. 표상은 의지의 객관화Objektivation des Willens이자 의지의 객관성Objektivität이다. 그러한 의지의 객관화 현상 중에서 최상의 단계를 '이념Idee', 즉 '의지의 자기 인식'이라고 하는데, 쇼펜하우어는 그것을 칸트적인 이념이 아닌 플라톤의 이데아 개념과 유사하다고 보았다. 이념

은 '의지의 직접적인 현상'으로서 객관을 인식하는 주관이
나 시간, 공간, 인과율(개체화의 원리)에 직접 놓여 있지 않으
나, 개체화의 원리를 통하여 개별적인 사물과 관계하고 표
상의 세계에 존재하는 다양한 사물을 파악하는 데 결정적인
역할을 한다. 그런데 이념을 바라보는 것은 인과율에 따르
는 의식이나 개념에 의해서는 불가능하고, "순수하고 의지
가 없으며, 고통 없고, 시간에 매이지 않은 인식주관"에 의
해서만 가능하다. 쇼펜하우어는 그것을 칸트의 '무관심성
Interesselosigkeit'에 빗대어 '예술적 무의지성Willenslosigkeit의 관조'라
고 불렀다.

플라톤은 이데아, 즉 경험 초월적 존재가 실재한다는 입
장을 취하였다. 그래서 현상의 세계에서 살고 있는 사람들
에게는 이데아를 인식하는 것이 궁극목적이지만, 현실적으
로 이데아를 상기하는 차원에 머물 수밖에 없다. 현상의 세
계에서 살고 있는 사람들이 이데아를 인식할 수 있는 유일
한 방법은 그것을 직관 속에서 관조하는 것, 즉 테오리아
theoria뿐이었다. 그런데 쇼펜하우어는 플라톤의 '영원한 원
형'으로서의 이데아 개념을 표상(내재적인 것)과 의지(초월적

인 것) 사이의 중간적인 매개 개념으로 이해한다. 그는 이데아를 '의지의 직접적인 객관화'로 이해했으며, 따라서 그것은 '무기적이고 유기적인 모든 자연물의 일정한 종種이나 원초적이고 불변적인 형태와 성질'을 뜻하거나, '자기 자신을 자연법칙에 입각하여 드러내는 보편적인 힘'으로 파악했다. 플라톤의 이데아Idea는 현실세계의 저편에 초월적으로 존재하는 원형적인 사물 그 자체이지만, 칸트는 '이념Idee'을 경험에 통일성을 부여해주는 초월적 이상 개념으로 이해했다. 쇼펜하우어는 이 두 철학자의 이데아와 이념이 현상 또는 표상의 일상적인 비실재성을 초월할 가능성을 지시한다는 점에서 공통적인 특성을 갖는다고 생각했다.

쇼펜하우어는 의지의 객관화를 표상이라고 규정했는데, 그것들 중에서도 특히 종種으로서의 특성을 가진 표상의 단계들을 이데아로 이해하였다. 코플스턴은 쇼펜하우어가 맹목적인 의지의 직접적인 객관화 현상을 플라톤적 이데아로 규정하는 사실 자체를 이해할 수 없다고 비판했다철학사 7권, 463. 그러나 쇼펜하우어는 예술적 '천재'가 미적 관조를 통하여 이데아를 파악할 수 있다고 주장한다. 그는 '천재'를 이데

아를 파악하고 예술작품에서 그것을 표현할 수 있는 능력을
갖추고 있는 직관적이고 창조적인 사람으로 이해했다. 그러
므로 플라톤의 이데아는 시간의 제약을 넘어선 표상의 세계
를 반영한다. 그것은 오직 예술적 천재만 표현할 수 있으며,
따라서 플라톤의 이데아 역시 예술을 통해서 그 현전을 강
화할 수 있다.

미적 관조에 도달한 사람, 즉 천재는 욕망의 원초적 예속
을 초월한다. 다시 말하면 천재는 개체화의 원리 및 충족근
거율에 의한 어떤 관계에도 얽매임이 없이, 다른 표상적인
대상들의 모든 관계로부터 완전히 자유로운 상태에서 부동
의 관조에 이르게 되고, 그 속에서 자기 자신마저 망각하게
되는 것이다. 그런데 이와 같은 관조는 그 대상이 형상, 즉
이데아인 경우에 '아름다운 것'에 관계하고, 인간 신체라는
형식에서 의지의 객관화에 위협을 주는 것으로 지각하는 경
우 '숭고한 것'을 관조하고 있다. 이처럼 미에 대한 관조 또
는 숭고에 대한 관조는 우리로 하여금 의지에의 예속으로부
터 '일시적으로' 벗어날 수 있게 한다.

쇼펜하우어는 미의 차원과 플라톤적 이데아에도 위계가

146

있다고 생각했다. 셸링과 헤겔은 여러 예술 유형을 상승적 계열로 분류했는데, 쇼펜하우어 역시 의지의 객관화가 무기적, 식물적, 동물적인 것과 같은 단계적으로 드러난다고 믿었다. 예를 들면 건축은 중력, 응집력, 강도剛度, 경도硬度라는 돌의 일반적 성질과 같은 낮은 단계의 이데아를 표현하는데, 특히 중력과 강도 사이의 긴장을 표현한다는 것이다. 예술적 원예술과 조경술은 식물적 삶의 단계의 이데아를 표현하고 있으며, 예술적 수력학水力學은 유체流體의 이데아를, 역사적인 회화와 조각은 인간의 이데아를 표현하고 있다. 그 중에서도 조각은 아름다움과 기품에 관계하고, 회화는 성격과 정열을 표현하며, 시는 추상적 개념과 상상력으로 독자가 지각할 수 있는 객관에서 이데아를 파악하게 함으로써 모든 단계의 이데아를 표현할 수 있다. 시의 가장 결정적인 대상은 일련의 행위, 사상과 감정을 통하여 자기 자신을 표현하는 인간이라는 표상이다.

쇼펜하우어는 최고의 시적 예술을 '비극'이라고 보았는데, 그 이유는 인생의 고통, 비탄, 악의 승리, 우연의 지배, 바르고 무죄한 자들의 몰락과 같은 인생의 참된 특성들이 극적

형식으로 표현되고 있기 때문이다. 그러나 쇼펜하우어는 예술 중에서 최고의 예술은 비극이 아니라 '음악'이라고 강조했다. 그가 생각하기에 음악은 이데아 또는 여러 이데아의 표현이 아니고, '의지의 직접적 객관화'로서 '물자체' 또는 '의지 자체'의 내적 본질을 표현하고 있기 때문이다. 사람들은 음악을 들으면서 현상의 바닥에 있는 실재에 대한 직접적인 계시를 듣는다. 예술의 형식으로 계시된 이 실재는 의지 그 자체가 스스로를 객관화한 것이다. 그리하여 쇼펜하우어는 음악이 개념 없이 표현하는 것을 모두 개념적으로 표현할 수 있다면 우리는 '진정한 철학'을 가질 것이라고 말한다.

2. 플라톤과 칸트 §§30~35

쇼펜하우어는 제1권에서 세계를 '표상', 즉 '주관에 대한 객관'으로 규정하고, 제2권에서 세계는 '의지'이고, 표상으로서의 세계는 '의지의 객관성'이라고 규정했다§30, 245; 289. 의지의 객관성이란 곧 '객관' 또는 '표상으로 된 의지'를 뜻한다. 객관화된 의지의 여러 단계들은 그 정도에 따라서 명백성과 완전성이 증가되어 나타나는데, 이것은 무기적인 것과 유기적인 것들의 불변적이고 본래적인 형식과 특성들, 곧 플라톤의 이데아이다. 이념, 즉 이데아는 무수한 개체들에 대해서 원상과 모상의 관계를 갖는다. 개체들의 다원성은 시간과 공간을 통해서, 개체의 발생과 소멸은 인과성을 통해서만 표상으로 나타난다. 이념이 나타나는 개체는 수없이 많고 부단하게 생성하고 소멸하지만, 이념은 언제나 동일한 이념으로서 변하지 않는다. 이념이 개체화의 원리에 의하여 드러난 모든 것은 근거율의 지배를 받는다. 그러나 이념은 다원성도 변화도 없는 것이므로 근거율과는 아무런 관련도 없다§30, 246; 290. 근거율은 주관이 개체로서 인식하는 한, 주관의 모든 인식이 따르는 형식이다. 그러나 이념은 그러한 규정을 넘어서 있으므로 주관 자체의 인식 밖에서도 존재한다. 따라서 쇼펜하우어는 그러한 이념이 인식의 대상이 되려면 인식하는 주관이 개별성을 중지할 때만 가능하다고 본다.

칸트철학의 경우에 물자체는 모호하고 애매해서 그의 약

점이기도 하지만, 쇼펜하우어 자신이 도달한 의지 개념과 같은 것이다§31, 246; 290. 그리고 플라톤의 ‘영원한 이데아’ 또는 ‘불변의 형상’은 의지의 객관화의 특정한 단계에 해당한다. 이로써 쇼펜하우어는 서양의 가장 위대한 철학자들의 두 가지 역설, 즉 칸트의 물자체와 플라톤의 이데아를 자기 자신의 의지형이상학에 자리매김한 것이다§31, 247; 291.

쇼펜하우어는 칸트철학의 의미와 내용을 이렇게 정리한다. “공간 및 인과성은 우리의 인식 형식에 지나지 않으므로 물자체의 규정이 아니라, 그것의 현상에 속하는 것에 지나지 않는다. 그런데 모든 다원성, 모든 생성과 소멸은 시간, 공간 및 인과성에 의해서만 가능하므로 그 결과 그러한 것들도 결코 물자체가 아니라 현상만 따르게 된다. 그런데 우리의 인식이 시간, 공간 및 인과성의 여러 형식의 제약을 받고 있기 때문에, 전체 경험은 단지 현상의 인식일 뿐이고, 물자체의 인식은 아니다. 그 때문에 인식의 법칙들도 물자체에 효력을 미칠 수 없다. 앞서 말한 것은 우리 자신의 자아에도 해당하는 것이며, 우리는 자신의 자아를 현상으로서만 인식할 뿐 자아 그 자체일지도 모르는 것에 따라 인식하는 것은 아니다"§31, 247; 291.

그러나 플라톤은 이렇게 말한다. "우리의 감각이 지각하는 이 세계의 사물들은 결코 참된 존재를 갖고 있지 않다. 그것들은 항상 존재하지만, 결코 존재하지 않는다. 그것들은 상대적인 존재를 가질 뿐, 전체적으로 서로에 대한 관계 속에서, 서로에 대한 관계를 통해서만 존재할 뿐이다. 그 때문에 이들 사물의 전체 존재를 사실 마찬가지로 비존재라고 부를 수도 있다. 따라서 그것들은 또한 본래적인 인식의 대상은 아니다. 그 자체로, 늘 똑같은 것으로 존재하는 것에 대해서만 본래적인 인식이 있을 뿐이기 때문이다. 반면에 이것들은 감각에 의해 생겨난 견해의 대상일 뿐이다. 이제 우리가 감각의 지각에 한정되어 있는 한, 컴컴한 동굴에 손발이 꽁꽁 묶인 채 앉아 있어서 머리도 돌릴 수 없고, 뒤에서 타고 있는 불빛으로 맞은편 벽에 비치는, 그들과 불 사이를 휙 지나가는 현실적인 사물의 그림자밖에는 볼 수 없으며, 또한 서로를 쳐다보아도, 그러니까 각자 자신을 보아도, 사실 벽에 비치는 그림자밖에는 볼 수 없는 사람과 같다고 할 수 있다. 그런데 이들의 지혜란 경험으로 얻어진 그러한 그림자들의 순서를 미리 말하는 것일지도 모른다. 반면에 유일하게 참으로 존재하는 것은 항상 존재하고, 결코 생성하지도 소멸하지도 않으므로, 그렇게 부를 수 있는 것은 그 그림자들의 실재하는 원상들이다. 그것들은 영원한 이념이며, 원형이다. 그것들에는 다원성이란 존재하지 않는다. 모든 것은 원상 그 자체이면서 본질상 하나이고, 원상의 모상이나, 또는 그림자는 모두 원상과 같은 이름을 가진 같은 종의 개별적이고 무상한 사물들이 참으로 존재하는 것들이지만, 소멸하는 모상들처럼 결코 생성하거나 몰락하지 않기 때문이다. 그것들에도 생성과 소멸이 존재하지 않는다. 그것들은 참으로 존재하는 것들이지만, 소멸하는 모상들처럼 결코 생성하거나 몰락하지 않기 때문이다. (그런데 이들 두 가지 부정적인 규정에는 시간, 공간 및 인과성이 참으로 존재하는 것들에는 아무런 의미와 타당성을 갖지 않고, 그것들이 이러한 형식 속에 존재하지 않는다는 것이 필연적으로 전제되어 있다.) 그 때문에 그러한 인식의 대상은 언제나 모든 점에서 (그러므로 그 자체로) 존재할 수 있는 것일 뿐, 보기에 따라서 존재한다고도 존재하지 않는다고도 할 수 있는 것이 아니므로, 이것들에 관해서만 본래적인 인식이 존재한다"§31, 247-248; 291-293.

　쇼펜하우어는 칸트와 플라톤의 학설이 그 내적 의미에서, 즉 이들은 가시적인 세계를 '자체로는 공허하고, 현상 속에서 표현한 것(칸트의 물자체, 플라톤의 이데아)'을 통해서만 의미를 갖고, 실재성을 빌려오는 하나의 현상으로 간주하는 점에서, 전적으로 동일하다고 평가한다§31, 248; 293. '참으로 존재하는 것'에는 이 현상의 모든 형식, 즉 '가장 보편적이고 본질적인 형식'이 아무런 관계가 없다. 그리하여 칸트는 시간, 공간 및 인과성이 현상의 단순한 형식으로서 물자체에 관여하는 것을 인정하지 않았다. 반면에 플라톤은 궁극적인 표현에까지 도달하지 못하였고, 이들 형식을 통해서만 가능한 이념, 즉 동일한 종의 다원성, 생성과 소멸을 부정하면서 현상 형식들이 그 이념에 관여하는 것을 간접적으로는 인정하지 않았다. 여기에서 쇼펜하우어는 칸트와 플라톤 철학에서의 '특별하고도 중요한 일치'를 보여주고자 한다§31, 249; 293. 또한 그는 위대한 두 철인이 잘 일치할 뿐만 아니라, "두 학설의 순수한 의미와 지향점이 전적으로 똑같다는 것"을 알 수 있다고 말한다§31, 250; 295.

눈앞에 생기 넘치는 한 동물이 있다고 하자. 이에 대하여 플라톤은 "동물의 이념만 참된 존재이고 현실적인 인식의 대상일 뿐이다"라고 말한다§31, 249; 294. 마찬가지로 칸트 역시 "이 동물은 물자체가 아니라 우리의 인식과 관련해서만 받아들일 수 있는 현상일 뿐이다"라고 대답할 것이다§31, 250; 294. 칸트에서는 시간, 공간, 인과성인 우리의 지성Intellekt 조직에 의하여 사물을 인지하는 내재적 파악 이외에 그것과 관련되는 사정을 의식하는 선험적 파악이 있다. 칸트는 이 선험적 파악을 순수 이성을 비판함으로써 추상적으로 얻지만, 쇼펜하우어는 그것을 직관적으로도intuitiv 얻을 수 있다고 주장한다§31, 250; 294.

칸트의 직관과 사유형식들, 즉 '개인의 인식을 현상에 한정하는 형식에 관한 칸트의 학설', 그리고 플라톤의 이데아, 즉 "그러한 인식을 이념의 인식이 단호하게 부정하는 플라톤의 이념에 관한 학설"은 전혀 이질적이고, 극단적으로 대립적이어서, 예를 들면 부터벡의 『임마누엘 칸트, 하나의 기념비Immanuel Kant, ein Denkmal』S.49나 부레의 『철학사Geschichte der Philosophie』Bd.6, S.802-815, 823는 칸트와 플라톤이 전혀 일치하지 않는다고 결론짓기도 하였다§31, 252; 296.

　쇼펜하우어가 보기에 칸트와 플라톤이 내적으로 일치하고, 그들의 목표와 세계관이 동일하다고 하더라도, 이데아와 물자체는 동일한 것이 아니다§32, 252; 297. 이데아는 아직 객관화하지 않은, 따라서 아직 표상으로 나타나지 않은 의지 자체인 물자체의 직접적인 객관성일 뿐이다. 칸트는 물자체를 인식 작용에 따르는 모든 형식으로부터 자유로운 것으로 규정했을 뿐, 현상(즉 표상)의 가장 보편적인 형식인 '주관에 대한 객관으로서의 존재'를 그 형식의 하나로 포함시키지 않았다. 그 때문에 칸트는 물자체의 객관으로서의 존재를 명시적으로 부인하지 않으면 안 되었던 것이다. 그와 반대로 플라톤의 이데아는 필연적으로 객관, 인식 대상, 하나의 표상이므로 칸트의 물자체와는 다른 것이다. 그러나 플라톤의 이데아는 '가장 보편적인 형식'인 '표상의 형식', '주관에 대한 객관으로서의 존재'라는 형식을 가지고 있다. 그러므로 이념은 의지인 물자체와 사물 사이에 존재한다§32, 253; 298. 이념은 '표상의 형식', 즉 '주관에 대한 객관으로서의 존재'라는 형식만을 받아들이므로, 이념만이 '의지' 또는 '물자체'의 적절한 객관성일 수 있다. 그러나 표상의 형식에서만 본다면 이념 그 자체는 전적으로 물자체이며, 바로 이 점에서만 칸트와 플라톤은 일치한다.

이와 반대로 개별적인 사물은 근거율을 공통적인 표현으로 삼고 있으나, 거기에서는 의지의 객관성이 매우 희미하게 있을 뿐이다. '인식작용의 주관'인 우리가 신체의 감응에서 출발하는 직관이 신체를 통하여 매개되는 개체가 아니라면, 우리는 더 이상 개별적인 사물, 사건, 변화, 다원성을 인식하지 않고, 이념, 하나의 의지, 진정한 물자체의 객관화의 계열만을 순수하고 맑은 인식으로 파악할 것이다. 그렇다면 우리의 세계는 '영속하는 현재Nunc stans, ein beharrendes Jetzt, eine beständige Gegenwart, Albertus Magnus「신학대전」I,5,22가 될 것이다. 신체는 구체적인 '의지작용'이고 '의지의 객관성'으로서 '객관들 중의 객관'이다§32, 254; 299. 그와 같은 신체가 근거율의 여러 형식 속에서만 존재할 수 있는 '인식하는 의식' 안에 나타날 때, 그것은 그 명제가 표현하는 다른 형식들과 시간을 이미 전제한다. 시간은 시간 밖에 존재하며, 영원한 이념에 대하여 개별적인 존재자가 갖는 부분적이고 단편적인 견해를

드러낸다. 그래서 플라톤은 시간을 '움직이는 영원의 상'이
라고 했다Timaios 37 D.

　우리는 근거율에 따라서 개별적인 사물을 인식할 수 있으
나 이념을 인식할 수는 없다. 우리가 이념을 인식하려면 주
관의 변화가 일어나야 한다. 그것은 주관이 더 이상 개체가
아닌 한에서만 가능할 것이다§33, 254; 300. 본질적으로 인식은
의지에 봉사한다. 유기체의 여러 부분과 함께 감각기능, 신
경, 뇌수는 의지의 객관성의 표현에 불과하며, 근거율에 따
르는 인식 작용은 보다 높은 단계의 의지의 객관화에 속한
다. 개체는 자신의 신체를 여러 객관 중의 한 객관으로 생
각한다. 이처럼 다양한 인식의 관계는 시간, 공간, 인과성을
통하여 나타나며§33, 255; 301, 특정한 시간, 장소, 사정에서의
객관의 인식이 개별적 사물이다. 이 모든 관계가 사라지면
인식도, 그 객관도 사라진다. 과학이란 개별적인 것을 일반
적인 것으로 통합하여 인식의 완전성에 도달하는 것에 불과
하다. 시간은 의지에 봉사하는 인식의 모든 객관 중에서 가
장 보편적인 형식이고, 인식의 다른 모든 형식의 원형Urtypus
이다§33, 256; 302.

일반적으로 개별적인 사물을 인식하다가 이념을 인식하는 것은 예외적인 고찰, 즉 인식이 의지에 봉사하는 대신 주관이 '개인적인 주관'이기를 그치고 '의지가 없는 순수한 인식 주관'으로 되면서 갑자기 일어나게 된다. 이때의 인식 주관은 더 이상 근거율에 따르지 않는다§34, 256; 302-303. 이것은 자신의 의지를 잊고 단지 순수한 주관으로서, 객관을 비추는 맑은 거울로서 계속 존재한다§34, 257; 303. 쇼펜하우어는 이 것을 "더 이상 개체가 아닌, 의지도 없고 고통도 없으며, 시간도 없는 순수한 인식 주관"이라고 부른다§34, 257; 304. 이 순수한 주관은 개별적인 사물 자체가 아닌 이념, 영원한 형식, 즉 의지의 직접적인 객관성을 인식한다. 이것을 스피노자는 "사물을 영원의 관점에서 파악하는 한에서 정신은 영원하다"고 표현하였다『윤리학』 제5권, 정리 31 비고. 개체 자체는 특수한 개별적 의지 현상에만 관계하는 인식 주관으로서 개별적인 사물만을 인식하지만, 순수한 인식 주관은 이념만을 인식한다§34, 258; 305. 따라서 시간, 공간, 인식 활동을 하는 개체, 인식의 대상이 되는 개체들은 순수한 인식의 주관과 이념에 대하여 아무런 의미도 갖지 않는다. 인식하는 개체가 순수한 인식 주관으로 고양되면서 현상으로서의 세계는 이념, 즉 의지의 적절한 객관성, 의지의 완전한 객관화가 된다§34, 258; 306. 그리하여 우리가 '본래적인 표상으로서의 세계'를 도외시하면 '의지로서의 세계'만이 남게 된다. "의지는 의지를 완전히 객관화하는 이념의 즉자태이며, 동시에 의지를 불완전하게 객관화하는 개별적인 사물과 그것을 인식하는 개체의 즉자태"이다. 그리하여 쇼펜하우어는 의지로서 관조하는 객관과 이러한 관조에서 순수한 주관으로 자신을 자각하는 개체는 동일하다고 말한다. 객관과 표상이 없으면 나는 인식하는 주관이 아니고, 단순한 맹목적 의지에 불과하다.

　마찬가지로 인식 주관이 없으면 인식대상인 사물은 객관이 아니고, 단순한 의지이자 맹목적인 충동이다§34, 259; 307. 따라서 주관과 객관은 표상으로서의 세계에서만 인식하는 개체와 인식 대상인 개체로 나누어지지만, 의지로서의 세계에서는 무차별적으로 동일한 것에 지나지 않는다. 의지가 객관성을 얻어서 표상이 되려면 의지는 주관인 동시에 객관이 되어야 한다. 그와 반대로 그 의지의 객관성이 순수하고 완전하게 의지의 적절한 객관성이려면 이념으로서의 객관은 근거율의 형식으로부터 자유로워야 하고, 주관은 순수한 인식 주관으로서 개체성과 의지에 봉사하는 것으로부터 자유로워야 한다. 여기에서 쇼펜하우어는 바이런의 시를 인용한다. "산, 파도, 하늘은 내 일부가 아닐까? 나와 내 영혼의 일부가 아닐까? 내가 그것들의 일부이듯이"Child Harold III, 75. 이것은 『우파니샤드』에서 "이들 모든 피조물은 모두 나이고, 나 말고 다른 존재는 존재하지 않는다"[18]는 말과도 통한다.

세계의 본질을 이해하려면 물자체로서의 의지와 그것의 적절한 객관성을 구별해야 한다§35, 261; 308. 또한 그러한 객관성이 분명하고 완전하게 나타나는 여러 단계, 즉 이념 자체와 그 단순한 현상인 개체를 구별해야 한다. 플라톤은 이념을 본래적인 존재로, 공간과 시간 속의 사물은 몽상적인 실존으로 여겼다. 그리하여 우리는 동일한 이념이 수많은 현상으로 드러나고, 인식하는 개체에게 이념의 본질은 하나

18 Oupnekhat, I, 122; WWV, 제2권 30장 "순수한 인식 주관에 대하여" 참조.

씩 단편적으로 나타난다는 것을 알게 된다§35, 261; 309. 즉, 이념은 본질적으로, 이념의 현상은 비본질적으로 인식하게 된다. 구름, 시냇물, 결정의 본성, 즉 이념은 본질적이고, 그것들의 다양한 현상은 비본질적이다. 구름, 시냇물, 결정에서 의지는 극히 미약하게 나타나지만, 식물에는 보다 완전하게, 동물에는 보다 더 완전하게, 인간에게는 가장 완전하게 나타난다. 의지의 객관화의 모든 단계 중에서 본질적인 것은 이념이다. 그 이념이 근거율의 법칙에 따라서 다양한 현상으로 출현하면서 비본질적인 것으로 된다. 인간생활에서는 삶에의 의지가 영속적이고 본질적인 이념이고, 그것은 인간의 특성, 열정, 오류 및 장점, 이기심, 증오, 사랑, 두려움, 대담함, 경솔, 우둔, 교활, 기지, 독창력과 같은 상이한 비본질적인 측면들을 보여준다§35, 263; 311. 그러므로 의지만이 존재한다. 의지는 물자체이고, 모든 현상의 원천이다. 의지의 자기인식과 끼에 근거하는 결정적인 긍정 또는 부정이 유일한 사건 그 자체이다§35, 264; 313.

3. 예술과 숭고미, 그리고 광기에 대하여 §§36-40

자연과학은 가장 낮은 단계에서 작용하는 의지의 객관화를 대상으로 하는데, 의지 현상들이 변화하는 법칙을 다루는 원인학과, 현상에서 영속적인 것, 보편적인 것을 총괄하여 특수한 것을 도출해내는 형태학이 있다§36, 264; 313. 수학은 이념이 개체를 위하여 분화되어 다원성으로 나타나는 단순한 형식, 즉 시간과 공간을 다룬다§36, 264; 314. 이것들은 공통적으로 과학에 속하며, 근거율에 따르는 현상들의 연관성과 법칙을 주제로 한다. 그렇다면 이 모든 관계 밖에서 독립하여 존재하는, '세계의 본질적인 것', '세계 현상의 참된 내용', '어떤 변화에도 종속하지 않는 동일한 진리 인식'으로서의 물자체와 그 이념은 어떤 방식으로 고찰할 수 있는 것일까?§36, 265; 314 이 물음에 대하여 쇼펜하우어는 단적으로 '독창적인 천재의 작업'인 '예술'이라고 답한다. "예술은 순수직관에 의해 파악된 영원한 이념, 즉 세계의 모든 현상의 본질적인 것과 영속적인 것을 재현한다." "예술의 유일한 기원은 이념을 인식하는 것이고, 예술의 유일한 목적은 이러한 인식을 전달하는 것이다." 과학은 자신의 최종 목표에 완전히 도달할 수 없으나, 예술은 언제나 그 목적을 달성한다. 왜냐하면 예술은 그 관조 대상을 세상의 흐름에서 끌어내어 홀로 고립시키기 때문이다. "본질적인 것, 이념만이 예술의 대상이다." "예술은 근거율과는 무관한 사물들의 고찰 방식이다"§36, 265; 315. 그 일은 천재만이 할 수 있다. 이념은 객관에 완전히 몰입한 '순수 관조'를 통해서만 파악되는데, '창조적 천재의 본질'은 바로 그런 능력에서 나온다§36, 266; 315. 관조는 자기 자신과 자신의 관계에 대한 완전한 망각을 요구한다. 그런데 자기 자신, 자신의 관심, 의욕, 목적을 전혀 안중에 두지 않고, 즉 의지를 향하는 주관적 방향이 아닌 '정신의 객관적 방향'만을 향하여, "자기 자신을 완전히 포기하고, 순수하게 인식하는 주관으로서 맑은 세계의 눈으로 남는 능력"이 바로 천재성이다. 그러므로 천재는 "세계의 본질을 비추는 맑은 거울"이다§36, 266; 316. 천재의 객관은 영원한 이념, 즉 세계와 그 모든 현상들의 연속적이고 본질적인 형식이다. 천재는 그 이념을 직관적으로 인식한다.

여기에서 천재가 현존하는 객관들의 이념을 넘어서서 그

자신에게 실제로 나타난 객관에 대한 시야를 넓혀주는 것은 바로 환상Phantasie이다. 강렬한 환상은 천재성의 조건인데, 그것은 두 가지 방식으로 접근할 수 있다§36, 268; 317. 첫 번째의 환상은 이념의 인식을 전달하는 수단으로 예술 작품을 취한다. 두 번째의 환상은 몽상가가 순간적으로 속이거나 흥겹게 하기 위하여 공중누각을 짓는 것이다. 천재의 환상은 첫 번째의 것으로서, 그의 인식 능력은 '세상을 환하게 만드는 태양'이다§36, 269; 319.

쇼펜하우어는 천재성Genialität, 즉 천재들의 인식과 광기Wahnsinn가 밀접한 연관이 있다고 지적한다§36, 272; 322. 천재들은 자신들의 관심에만 빠져서 독백을 하기가 쉽고, 그래서 미친 것처럼 보일 수 있다. 사람들은 지적인 감격을 일종의 광기로 여겼는데, 호라티우스는 '사랑스러운 광기amabilis insania'라고 불렀다Horaz, *Odes, Carmina*, III, 4. 세네카의 인용에 의하면*De tranquillitate animi* 15,16, 아리스토텔레스도 "광기가 섞이지 않은 천재는 없었다"고 말했으며§36, 272; 323, 플라톤 역시『파이드로스』에서 "어떤 광기 없이는 진정한 시인이 될 수 없다"*Phaedrus*, 317고 했다. 키케로에 의하면, 데모크리토스도 어떤 위대한 시인도 광기 없이는 존재할 수 없다고 썼다*De divinatione* I, 37. 또한 그는 동굴 밖에서 실제로 햇빛과 존재하는 사물을 본 사람은 동굴 속에 들어와서 그림자만을 보고 있는 다른 사람들에게 조롱받는다고 썼다「국가」 7. 시인 포프는 "위대한 정신은 광기에 아주 가깝고, 양자를 가르는 얇은 벽이 있을 뿐이다"Dryden, *Absalom and Achitophel* I, 163라고 썼다§36, 273; 324. 이처럼 광기와 정상성을 명확하게 구별할 수 있는 방법은 아직 없다§36, 274; 325.

여기에서 쇼펜하우어는 환영Visionen, 고열에 의한 환각 Fieberphantasien, 정신착란Delirium, 광기Wahnsinn, 고정 망상fixer Wahn, 우울증Melancholie, 기억상실Gedächnislosigkeit에 따른 고통에 대하여 설명하는데§36, 274; 326, 이는 사실상 정신분석학의 선구라고 할 수 있다. 그에 의하면 환영, 고열에 의한 환각은 광기의 일반적인 징후가 아니다. 정신착란은 직관을 그르치지만, 광기는 사고를 그르친다. 미친 사람은 현재의 것을 직접 인식할 때는 틀리지 않지만, 그들은 현재 존재하지 않는 것, 즉 과거의 것과 관련해서는 횡설수설한다. 이 때문에 쇼펜하우어는 이 병이 기억과 관련이 있다고 보았다. 이들은 많은 것을 암기하고, 오랫동안 보지 못한 사람도 알아보기 때문에, 기억력이 없는 것이 아니다. 단지 그들은 기억의 실마리가 끊어져서 일정한 연관을 유지하여 과거를 되살리지 못할 뿐이다. 그들은 기억하고 있는 과거의 개별적인 장면들 사이의 '빈틈'을 '허구'로 채우는데, 그것들은 고정 관념, 고정 망상, 우울증을 차례로 불러오게 된다. 그 허구가 그때마다 다르고 순간적인 착상일 경우에 어리석음Narrheit이나 우둔함fatuitas, Albernheit이 된다. 이처럼 미친 사람의 기억은 진실과 허위가 뒤섞이게 되므로 그의 과거 이력을 알아내기가 어려운 것이다. 그런 병증이 깊어지면 광기는 완전한 기억상실을 초래한다§36, 275; 327. 미친 사람은 현재만을 인식하는 점에서 동물과 같다. 그러나 동물은 과거 그 자체에 대한 표상을 전혀 갖지 않는다. 예를 들면 개는 몇 년이 지나도 그 주인을 알아보지만, 흘러간 시간에 대해서는 어떤 기억도 갖지 못한다. 그러나 미친 사람은 자신의 이성 속에 추상적인 과거를 지니게 되는데, 그러한 과거는 그에게만 존재하고, 어느 때 혹은 바로 지금에만 존재하는 허구적인 것이다. 인간이 뜻하지 않은 사건으로 인하여 극도의 정신적인 고통을 이기지 못하고 미쳐버리는 일이 있는데, 쇼펜하우어는 이러한 현상을 바탕으로 무의식의 형성 과정을 다음과 같이 설명한다. "그러한 모든 고통은 언제나 실제적인 사건으로서 현재에 국한되어 있어서, 그러므로 일시적인 것에 지나지 않으며, 그런 한에서는 여전히 지나치게 곤란한 문제가 아니다. 그것이 지속적인 고통이 되는 한에서 비로소 아주 큰 문제가 되는데, 그 경우는 다시 사고일 뿐이며, 그 때문에 기억 속에 들어 있다. 그런데 그러한 마음의 아픔, 그러한 고통스런 지식, 또는 추억이 너무 괴로워 도저히 견딜 수 없게 되어 무너지게 되면, 그렇게 번민하던 사람은 삶의 마지막 구원 수단으로 광기에 호소한다. 그런데 이렇게 너무나 고통에 시달린 정신은 말하자면 기억의 실마리를 끊어버리고, 허구로 빈틈을 채우며, 자신의 힘으로 감당할 수 없는 정신적 고통에서 광기로 도피하는 것이다"§36, 276; 327-328. 우리는 고통스런 기억이 갑자기 떠오를 때도 기계적으로 소리를 크게 지르고, 몸을 움직여서 쫓아내고, 관심을 다른 데로 돌리고, 억지로 생각을 흩트리려고 하는데, 그것은 고통에서 광기로 넘어가는 과정과 비슷하다§36, 276; 328.

미친 사람은 개별적인 현재의 일이나 과거의 여러 일들을 바르게 인식하지만, 그 연관이나 관계에서 오인해서 잘못을 저지르거나 헛소리를 하는데, 이 점에서 천재와 광기가 같은 맥락에 있다§36, 277; 328. 천재는 사물의 이념만을 보고 찾으며, 직관적으로 나타나는 본질을 파악하기 위하여 근거율에 따르는 관계들에 대한 인식을 버린다. 이로써 하나의 사례 혹은 사물이 그 수천 개 혹은 전체를 대변하게 된다. 같은 이유에서 천재는 사물들의 연관에 대한 인식을 등한시한다. 천재는 이념들은 완전히 인식하지만, 개체들은 그렇게 인식하지 못한다§36, 277; 329. 천재는 어디서나 극단을 보기 때문에, 그의 행동 역시 극단을 치닫는다. 이 점에서 천재와 광인은 비슷하다.

천재는 근거율과 무관하게 인식하는 순수 주관이다§37, 277; 329. 모든 사람은 정도의 차이는 있지만 그런 능력을 가지고 있다§36, 278; 330. 그 때문에 사람들은 예술작품을 향유할 수 있고, 아름다움과 숭고함에 의미를 부여하는 것이다. '미적 쾌감'은 누구나 가지고 있다. 천재는 자신이 파악한 예술작품(재현)을 통하여 다른 사람에게 전달하는데, 그 이념은 불변하고 동일하다. 따라서 '미적 쾌감'은 그것이 예술작품을 통해서 생겨났든지 혹은 자연과 삶에 대한 직접 직관을 통해서 생겨났든지 간에 동일한 것이다. 예술 작품은 미적 쾌감의 본질을 이루는 인식이 쉽게 생겨나게 하는 수단일 뿐이다. 자연과 현실에서 이념을 직접 대면하는 것보다 예술 작품에서 대면하는 것이 더 쉽다. 왜냐하면 예술가는 현실은 인식하지 않고 단지 이념만을 인식하기 때문이고, 특히 그의 작품에서도 방해가 되는 우연적 요소들은 제거하고 이념만을 순전히 재현하기 때문이다§36, 279; 331.

아름다움을 바라보는 두 가지 방식이 있다. 그 하나는 객관을 플라톤의 이데아, 즉 사물들의 유類 전체의 지속적인 형식으로 인식하는 것이고, 다른 하나는 '순수하고 의지가 없는 인식 주관', 즉 인식하는 자의 자기의식Selbstbewußtsein이다§38, 279; 331. 이 두 요소가 합일할 수 있는 조건은 근거율에 따른 인식을 버리는 것이다. 그로부터 미적 쾌감das Wohlgefallen이 생겨나는데, 모든 의욕Wollen은 미적 관조의 대상에 따라서 욕망Bedürfnis, 즉 결핍Mangel과 고뇌Leiden에서 생겨나서 그것의 충족으로 끝난다§38, 279; 332. 그러나 욕망은 오래 지속하고 요구도 끝없이 이어지지만, 충족은 짧은 시간 동안 불충분하게 이루어진다. 그러므로 성취한 소원은 '인식에 이른 오류'이고, 새로운 소원은 '아직 인식에 이르지 않은 오류'이다. 이것은 마치 거지에게 적선하여 그 목숨을 이어 줌으로써 고통을 내일까지 연장시키는 것과 같다§38, 280; 332. 의욕의 주체인 우리에게는 지속적인 행복도 마음의 안정도 주어지지 않는다. 그리고 마음의 안정 없이는 진정한 행복이 있을 수 없다.

그렇다면 완전한 행복은 어떻게 주어지는 것일까? 그것은 외적인 계기나 내적 기분이 우리를 끝없는 의욕의 흐름이나 의지에 대한 인식의 노역에서 벗어나게 함으로써 가능하다. 의욕의 동기에 주의를 기울이지 않고, 사물을 의지의 관계에서 자유롭게 파악하고, 관심이나 주관성도 없이 사물에 몰두하여 그것을 순전히 객관적으로 고찰하게 되면, 마음의 안정이 단번에 이루어진다§38, 280; 333. 그것은 '신들의 상태로 고통이 없는 상태'인 에피쿠로스의 최고선이다. 그것은 곧 이념의 인식에 필요한 순수한 직관의 상태이기도 하다. "직관에 몰입하고 객관에 빠져서 모든 개별성을 잊고, 근거율에 따라서 관계들만을 파악하는 인식의 방식을 단념하는 것이다." 그렇게 직관에 이른 것은 그 유類의 이념이다§38, 281; 333. 이 경우에 인식하는 개체는 '의지 없는 인식 작용의 순수 주관'으로 높아진다. 그러나 이와 반대로 우리 의지나 우리 인격에 대한 어떤 관계를 다시 의식하면서 우리가 근거율의 지배를 받고 이념이 아닌 개별적인 사물, 연쇄의 고리를 인식하게 되면 모든 고뇌를 다시 짊어지게 된다§38, 282; 335.

'의지가 없는 관조의 희열'§38, 283; 336, 즉 '우리 자신이 아니라 객관만이 현존할지 모른다는 환상'은 우리를 모든 고뇌에서 벗어나게 할 것이다§38, 279; 337. 우리가 고통스러운 자아에서 벗어나면, 순수한 인식 주관은 객관과 하나가 될 것이다. 우리의 고뇌는 이 객관과 무관하듯이, 그 고뇌 역시 우리 자신과 무관하게 된다. 이때 표상으로서의 세계만 남고 의지로서의 세계는 사라져버린다. '미적 쾌감의 주관적 조건'은 인식 작용이 의지 봉사로부터 해방되는 것이다. 이로써 의지는 순수하고 무의지적이며, 시간을 초월하여 모든 관계와 무관한 인식 주관으로 승격하는 것이다. 이로부터 숭고함의 인상이 나온다. 그리고 이와 함께 플라톤의 이데 아를 직관적으로 파악하는 미적 관조의 객관적인 측면도 나타난다§38, 283f; 337.

  '미적 쾌감의 주관적 부분'과 대조를 이루는 것은 '숭고의 감정das Gefühl des Erhabenen', 즉 '단순하고 직관적인 인식 작용 그 자체에 대한 즐거움'으로서의 쾌감이다§39, 285f; 340. 숭고미는 '아름다움'과 비슷하게 나타나면서도 다른 측면이 있다. 아름다움의 본질이 되는 이념은 객관적인 의미에서 순수한 관조의 대상들이다. 무엇보다도 아름다운 자연은 미적 쾌감을 느끼게 한다. 자연의 형태들 속에서 개별화된 이념들이 우리를 의지에서 벗어난 인식 주관으로 끌어올려 미적 관조에 이르게 하는 경우, 아름다운 것이 우리에게 작용함으로써 미감을 자극받게 된다§39, 284; 341. 그런데 의지가 없는 순수한 인식 주관만이 '모든 관계와 무관한 이념'을 파악할 수 있다. 다시 말하면 '순수한 관조'만이 그것을 객관적인 대상으로 대할 수 있는 것이다. 이처럼 모든 의지에서 벗어난 순수한 인식작용은 근거율을 통하여 규정된 모든 관계의 바깥에 존재하는 이념들의 인식이라는 점에서 미감과 숭고감은 동일하다§39, 288; 343. 그러나 아름다움의 경우에는 순수한 인식작용이 투쟁 없이 우위를 차지하는 반면에, 숭고함의 경우에는 "불리한 것으로 인식된 의지에 대한 동일한 객관의 관계들로부터 의식적이고도 억지로 이탈함으로써, 즉 의지와 그것에 관계하는 인식으로부터 의식을 동반한 자유로운 고양을 통하여", 비로소 순수한 인식작용의 상태가 얻어진다§39, 288; 342. 그리하여 대상에 의한 현실적이고 개인적인 곤경과 위험을 통하여 개인의 의지행위가 우위를 차지하면 관조의 고요함을 기할 수 없게 되어 숭고함은 불안에 의하여 밀려나게 된다. 그러나 관조된 객관이 의지 일반에 대한 적대감을 넘어서는 과정에서 강렬하고 절박한가의 강도에 따라서 숭고함의 정도가 결정된다.

인간은 격렬하고 어두운 의욕의 충동인 동시에 자유롭고 밝은 순수 인식작용이다. 그것은 마치 태양이 빛의 원천이면서 모든 생명의 제1조건인 열의 원천인 것과 같다. 의지는 열, 그리고 인식은 빛에 해당한다§39, 289; 343. 모든 것은 빛으로 그 아름다움이 드러나며, 특히 건축술은 빛을 통하여 그 아름다움이 더욱 두드러지게 된다. 이 단계에서는 의지

보다는 순수한 인식작용에 유리하다. 그러나 빛이 생명체의 원리인 열 작용은 의지의 관심을 불러내는데, 이를 통하여 미감은 숭고감으로 이행하게 된다. 그런데 이러한 숭고함은 '쓸쓸하고 적막한', 그리고 '공허하고 지루함의 고통에 치욕적인 모멸감'과 함께 '고요함과 만족스러움', '의지의 의존성과 가련함에 대한 추억'에 따른 '칭송의 감정'을 수반한다§39, 289f; 344. 그리하여 우리에게 숭고의 감정을 불러오는 환경은 '폭풍우의 움직임에 휘말린 자연'과 같은 것이다. 그것은 "위협적인 뇌우로 인한 어두컴컴함, 서로 중첩되어 있어 시야를 가리는, 절벽에 매달린 벌거벗은 어마어마한 바위들, 요란한 소리를 내고 거품을 일으키는 격류, 어디를 보나 온통 황무지인 모습, 골짜기에 몰아치는 통곡 소리"를 자아내어, "적대적인 자연과 치르는 우리의 투쟁, 그 속에서 꺾이는 우리의 의지"를 직관적으로 보게 한다§39, 290; 345.

이처럼 격노한 자연력의 끔찍한 투쟁을 목도하면서 인식 주관은 모든 의욕과 고뇌에서 벗어나 이념을 직관적으로 파악하게 되는데, 이것이 바로 '숭고함의 완전한 인상'이다§39, 291; 346. 개인을 무로 축소할 수 있는 공간과 시간의 크기 앞에서 우리는 '역학적인 숭고함'과 '수학적인 숭고함'을 느끼게 된다§39, 291; 347.

숭고함의 반대는 '유혹적인 것das Reizende'이다. 대상이 끊임없이 의지를 외면하고 벗어나서 관조의 객관이 됨으로써 숭고의 감정을 유발하는 것과는 반대로, 유혹적인 것은 의지에 직접 응하는 대상들을 통하여 그 의지를 자극하고, 순수한 관조가 아니라 무엇을 필요로 하고 의존적인 의욕의 주관이 됨으로써 유발하는 것이다§40, 294; 350. 쇼펜하우어는 두 종류의 유혹적인 사례를 제시하는데, '네덜란드인의 정물화'와 '음탕한 기분을 불러일으키는 것'으로서 둘 다 예술과는 어울리지 않는다고 지적했다. 식탁에 차려진 과일들과 굴, 청어, 바다가재, 버터 빵, 포도주 등은 식욕을 자극하지 못하는 그림으로 '잘못된 자연의 묘사'라는 것이다§40, 295; 351. 또한 역사화나 조각에서 '벌거벗은 모습'은 모든 사람에게 '음탕한 마음'을 불러일으키는데, 이 역시 예술의 목적에 반하는 것이다. 이와 달리 고대의 예술가들은 '주관적이고 수치스런 육욕의 정신'이 아닌 '순전히 객관적인, 이상적인 아름다움에 충만된 정신'으로 예술을 창작함으로써 아무리 아름답고 완전한 나체라도 어떤 거리낌도 없었다. 그래서 예술에서는 유혹적인 것을 기피한 것이다. 유혹적인 것에는 (포르노그래피처럼) 부정적인 것도 존재하는데, 이는 사람의 의지를 자극하여 순수한 미적 고찰을 하지 못하게 함으로써 극도의 혐오감과 반감을 자아낸다§40, 296; 351.

4. 미의 차원과 예술의 유형 §§41-52

'의지가 없는 순수한 인식 작용'이 아무런 저항 없이 관조의 대상에 이르는지 아니면 불편하고 적대적인 관계를 넘어서서 그런지에 따라서 미와 숭고의 차이가 있다§41, 296; 352. 객관 속에서는 이 둘은 본질적인 차이가 없다. 미적 관조의 대상인 객관은 개별적 사물이 아니라 의지의 객관성으로서의 이념이다. 이념 자체는 근거율에 벗어나 있지만, 이념의 상관 개념인 순수한 인식 주관은 근거율의 영역에 있다.

쇼펜하우어에 의하면 우리가 어떤 대상을 아름답다고 할 때, 즉 '미적 고찰의 객관'에는 두 가지 의미가 들어 있다§41, 296f; 353. 그것은 한편으로 우리가 그 대상을 바라보는 동안,

우리 자신을 개체가 아닌 '의지가 없는 순수한 인식 주관'으로 의식한다는 뜻이고, 다른 한편으로 우리가 대상 속에서 개별적 사물이 아니라, 시간과 공간을 초월하여 있는 이념을 인식한다는 것을 뜻한다. 이것은 대상에 대한 우리의 고찰이 근거율에 매이지 않고, 객관 자체에 근거하는 한에서만 일어날 수 있다. 이러한 조건에서는 현존하는 모든 사물, 가장 하찮은 존재까지도 아름답다§41, 298; 354. 의지가 낮은 단계에서 자신을 객관화하는 이념들은, 즉 중력, 강성, 유동성, 빛 등은 암석, 건물, 하천에서 나타나는 이념들이다. 사물마다 자신의 독특한 아름다움을 지니고 있다. 원예술과 건축술은 그것들을 보다 다양하고 완전하게 전개하여 순수하게 표현할 수 있게 한다. 예술의 최고 목표는 인간의 본질을 드러내는 것이다§41, 298; 355. '인간의 행위'는 시의 가장 중요한 대상이고, '인간의 모습과 표정'은 조형예술의 가장 중요한 대상이다.

여기에서 쇼펜하우어는 '의지의 객관화' 개념과 플라톤의 '이데아' 개념의 차이를 설명한다. 플라톤은 "책상과 의자가 그것들의 이데아를 표현한다"고 주장한다『국가』 10, 284-285; 『파르메니데스』, 79 editio Bipontini; §41, 299; 356. 그러나 쇼펜하우어는 "책상과 의자는 단순한 재료 그 자체 속에 이미 나타난 이념을 표현한다"고 주장했다. 아리스토텔레스에 의하면『형이상학』, 11, 3, 1070a18, 플라톤은 자연적 존재에만 이데아를 확정해서, "자연물만큼의 이데아가 존재한다"고 가르쳤다. 알키노스에 의하면 플라톤의 가장 가까운 제자들은 집, 반지처럼 인공물의 이데아를 부정했으며, 열병과 콜레라처럼 자연에 달갑지 않은 것들과 소크라테스 같은 개별적인 존재, 그리고 보다 위대하거나 우월한 것과 같은 관계들의 이데아도 인정하지 않았다. 그들은 이데아를 '시간을 초월한 자연물의 원형'이라고 정의했다§41, 300; 356. 그들에게 "이데아는 자체 내에서 완성된 신의 영원한 사유"였다§41, 300; 357. 플라톤은 『국가』10, 288에서 아름다운 예술이 나타내려고 하는 대상, 즉 그림이나 시의 모범은 이념이 아니고 '개별적 사물'이라고 가르치지만, 쇼펜하우어는 이념, 즉 '의지의 객관화'로 보았다. 의지의 객관성의 보다 낮은 단계에서는 의지가 없는 순수한 인식 작용의 즐거움이 약하게 나타나지만 인간의 미적 고찰과 같은 높은 단계에서는 가장 뚜렷하게 나타난다§41, 301f; 358.

그러므로 무기적 물질, 식물, 동물, 인간의 단계에 따라서 아름다움의 강도는 다르게 나타난다.

물질 그 자체는 인과성, 근거율의 형태이자 작용이며, '이념의 모든 개별적인 현상의 공통된 기체'이므로, 그 자신만으로는 이념을 나타낼 수 없다§42, 301; 359. 물질 그 자체에 대한 직관적 표상은 불가능하다. 직관적 표상에 드러나는 것은 물질의 형식과 성질일 뿐이다§43, 302; 359. 이것은 물질의 전체 본질인 인과성 자체는 직관적으로 나타날 수 없고, 오직 특정한 인과적 결합만을 직관적으로 파악할 수 있는 것과 같다. 플라톤은 모든 사물을 포함하고 있는 이념과 그 현상인 개별적인 사물 이외에도 제3의 요소인 물질을 상정했다「티마이오스」, 345. 이념의 현상으로서의 개체는 항상 물질이다. 물질의 모든 성질은 항상 어떤 이념의 현상이다. 그리고 현상 속에서 나타나는 이념을 인식할 능력이 있으며, 그것은 물질의 가장 보편적인 성질들, 즉 중력, 응집력, 강성, 유동성, 빛에 대한 반응 등에도 적용된다§43, 303; 363. 쇼펜하우어에 의하면 이처럼 의지의 객관성의 가장 낮은 단계의 이념들을 명료하게 직관하게 하는 것은 건축술Baukunst이다. 건축술에서 객관적인 중요성은 비교적 미미하다. 따라서 빛에 비친 아름다운 건축물에서 생긴 미적 즐거움은 이념을 파악한 것에서 생긴다기보다는, 그 이념을 파악하면서 성립한 그 이념의 주관적인 상관 개념에서 생겨난 것이다. 반대로 희곡Drama을 미적으로 즐기는 경우에 객관적인 측면이 압도적이다. 건축술은 사물 그 자체를 나타내는 점에서 모사를 중시하는 조형예술bildende Kunst이나 시Poesie와는 전혀 다르다§ 43, 307; 364. 그것은 예술가가 관객에게 자신의 시선을 빌려주는 것이 아니라, 실제의 개별적인 대상의 본질을 완전하게 표현하여 보는 사람들이 그 이념을 쉽게 파악할 수 있게 하는 점에서 다르다. 더군다나 건축술은 고도의 실용성을 요구하는 점에서 다른 예술과 차별을 드러낸다.

식물계에서 군집성과 다양성을 적절하게 결합하고 변형하는 것은 원예술Gartenkunst이다§44, 308; 366. 원예술은 건축술처럼 그 재료를 자유자재로 다룰 수는 없지만, 전적으로 자연의 아름다움을 강조할 수 있다. 식물계와 그 밖의 인식이 없는 모든 자연을 객관으로 다루는 예술은 풍경화Landschaftsmalerei인데, 여기서는 미적 즐거움의 주관적 측면이 우세하게 나타난다§44, 309; 366. 우리는 화가의 눈을 통하어 사물을 보는 것이다. 보다 높은 동물의 단계를 대상으로 하는 예술 형태는 동물화Tiermalerei와 동물 조각Tierbildhauerei이다§44, 309; 367. 여기서는 미적 쾌감의 객관적 측면이 보다 우세하게 나타난다. 또한 인간의 본질을 이루기도 하는 의욕이 그로테스크하고 괴물 같은 모습으로 강렬하게 나타난다§44, 310; 368. 우리는 자연의 책에서 나타나는 의지의 무한한 변화와 다양한 형태들을 발견하게 된다. 그것은 곧, "살아 있는 이것이 바로 그대이다Tat tvam asi; Dieses Lebende bist du"라는 힌두교의 위대한 가르침Mahavakya이다§44, 311; 369.

의지의 객관화의 최고 단계에 도달한 이념을 직접 직관적으로 나타내는 것은 역사화Historienmalerei와 조각Skulptur의 임무이다§45, 311; 369. 이 형식들에서는 아름다움으로 인한 즐거움의 객관적 측면이 우세하다. 이들보다 한 단계 아래인 동물화에서는 동물의 특징 표현이 아름다움과 완전히 동일한 것으로 여겨진다. 동물들에서는 개체보다 유類의 특질만을 강조하기 때문이다§45, 311; 370. 그러나 인간의 경우에는 유의 특질인 아름다움 이외에도 성격과 표정 등 개체의 특질이 있다. 여기에서 쇼펜하우어는 "의지가 인식될 수 있는 가장 높은 단계에서 의지의 가장 완전한 객관화를 나타내는 객관적인 표현"인 '인간의 아름다움menschliche Schönheit'조차도 주관적 측면을 떨치지 못함으로써, 우리를 순수한 미적 직관의 경지로 매혹하는 '너무나 아름다운 인간의 용모와 몸매' 앞에서 순간적으로 이루 말할 수 없는 쾌감에 사로잡힌다고 말한다§45, 312; 370. 괴테 역시 "인간의 아름다움을 바라보는 자에게는 사악한 마음이 생길 수 없다. 그는 자기 자신이며 세계와 하나가 된다"「친화력」 제1장, 6라고 말한다. 의지의 현상은 높은 단계에서 그 형태가 보다 다양하고 복잡하게 된다§45, 312; 371. 인체는 "전적으로 다른 부분들이 고도로 조합된 체계"이고, 그 각 부분은 전체에 종속하는 생명을 갖지만, 동시에 각각의 '고유한 생명vita proporia'도 갖는다. 이 모든 부분은 전체에 종속하면서도 서로 간에 지나침과 억눌림이 없이 병존하고 조화롭게 일치하면서 아름다운 전체, 즉 자연Natur을 이루고 있다.

그렇다면 예술Kunst은 어떠한가? 예술은 '자연의 모방'인가? 그렇다면 예술가는 모방할 만한 자연을 어떻게 식별하는가? 예술가는 아름다운 부분을 찾아 전체를 아름답게 짜 맞추는가? 쇼펜하우어는 순전히 후천적인 것과 단순한 경험만으로는 결코 아름다움을 인식할 수 없다고 말한다§45, 313; 371. 아름다움에 대한 인식은 우리가 선천적으로 인식하고 있는 근거율과는 전적으로 다른 종류이지만, 적어도 부분적으로는 선천적이다§45, 313; 372. 근거율은 인식을 가능하게 하는 일반적인 근거로서 '현상 그 자체의 보편적인 형식'에 관계하며, 이로부터 수학과 순수 자연과학이 생긴다. 그와 반대로 미의 묘사를 가능하게 하는 선천적인 인식 방식은 현상의 형식 대신에 그 '내용'과 '본질'에 관계한다. 진정한 예술가, 즉 천재는 개별적인 사물에서 그 이념을 인식하는데, 그것은 그 자신의 예견, 즉 이상이 자연의 개별적 사물에 실제로 나타나는 아름다움을 간파하기 때문에 가능하다. 또한 그것은 예술가 자신이 '자연의 즉자태', 즉 "스스로를 객관하려는 의지 자체"이기 때문에 가능한 일이기도 하다§45, 314; 373. 이는 엠페도클레스가 같은 것에 의해서만 같은 것이 인식된다고 말한 것이나, 엘베시우스가 자연만이 자연을 규명할 수 있고, 정신을 인지하는 것 역시 정신『정신론』,

disc.2,II,4이라고 말한 것과 같은 이치이다.

천재는 아름다움에 대한 예견으로 조형예술과 시문학 작품을 창작한다. 이 점에서 쇼펜하우어는 다양한 성격들이 사회적 경험들의 소산이라는 셰익스피어의 주장에 반대한다§45, 314f; 373.

식물은 공간적 현상 형식에서 그 전체의 본질이나 아름다움이 드러나지만, 동물과 인간은 행동, 즉 '의지의 시간적 객관화'에서 드러나는 '우아함Grazie'을 특징으로 한다. 식물은 아름답다고 할 수 있지만 우아하다고 할 수는 없다§45, 316; 375. 그러나 동물과 인간은 아름다우면서도 동시에 우아하다고 말할 수 있다. 특히 인간의 이념을 나타내는 예술은 유의 특성인 아름다움뿐만 아니라 개체의 특성인 성격을 나타내고자 한다§45, 317; 376. 그래서 빙켈만은 초상화가 '개인의 이상das Ideal des Individuums'을 재현한다고 말한 것이다. 인류의 이념은 독특한 개체 안에서 나타난다. 개인은 항상 인류의 일원이지만, 동시에 인류는 언제나 한 개인의 독특하고 이상적인 특성 가운데서 스스로를 실현하기 때문이다§45, 317; 377. 예를 들면 고대인들의 작품에서 아름다움은 하나의 유일한 형식이 아닌 상이한 성격을 지닌 수많은 형태, 즉 아폴로, 바커스, 헤라클레스 등에 대한 묘사를 통하여 드러난다.

조각에서는 아름다움과 우아함이 중요하다§45, 318; 378. 그리고 흥분, 열정, 인식작용과 의욕의 상호작용, 몸짓과 얼굴표정을 통해서만 표현할 수 있는 정신의 고유한 성격은 회화의 고유한 영역이다. 쇼펜하우어는 조각의 주목적이 아름다움에 있으므로, 레싱은 『라오콘, 혹은 회화와 시문학의 경계에 대하여』에서 트로이의 아폴론 신의 사제 라오콘Laokoon이 트로이 함락 직전에 두 아들과 함께 큰 뱀에 감겨 죽는 고통을 당하면서도 결코 '비명을 지르지 않았다'고 논평했다고 지적한다.

육체적 고통이 극에 달할 경우에는 누구든지 비명을 질러서 공포를 완화시키고자 한다§46, 319; 379. 그러나 라오콘은 분명히 비명을 지르지 않고 있다. 빙켈만은 라오콘이 비명을 지르는 표정을 짓지 않았다는 것을 알면서도, 그를 '자신의 고통을 억지로 참는 스토아적인 인물'로 만들었다『저작집』 제7권, 98. 그러나 레싱은 빙켈만의 해석에 반대하여, 특히 조각에서의 아름다움은 비명을 지르는 표정을 허용하지 않는다는 고대 예술의 원리에서 찾음으로써, 심리적인 근거보다는 순수 미학적인 근거를 제시하고자 했다§46, 319; 380. 쇼펜하우어는 대리석으로는 비명을 지르는 라오콘을 표현할 수 없다고 말한다. 그러한 몸짓과 얼굴의 표현은 조각이 아닌 회화의 고유한 영역이다§45, 318; 378. 더 나아가서 그러한 절규Schreien의 묘사는 시문학과 연극술에 더 적합하다§46, 321; 382. 이 점에서 쇼펜하우어는 라오콘에 대한 빙켈만의 스토아적 해석에 대해서만큼은 비판적 태도를 유지했다§46, 322; 384.

우아함과 아름다움을 추구하는 조각은 나신을 선호하고 부득이한 경우 몸의 형태를 숨기지 않은 한에서의 가벼운 걸침만을 허용한다§47, 322; 384. 언어예술의 경우에도 자연스럽고 솔직하며 단순한 표현이 좋다. 그러나 '우둔하고 혼란스럽고 괴팍한 사람'은 무미건조하고 흔한 사상을 금붙이와 야만적인 장신구로 치장하여 그 치부를 감추려고 할 것이다§47, 323; 385.

역사화Historienmalerei는 모든 개인이 근거율에 따라서 현실세계와 관계하는 행동의 '외적인 의미' 또는 '명목적인 의미'를 표현하지만, 예술은 그 행동에 의해 나타나는 '내적인 의미' 또는 '실질적인 의미', 즉 '인류의 이념에 대한 통찰의 깊이'를 표현한다§48, 324; 387. 전자는 '개념'으로로만 첨가한다는 의미이고, 후자는 직관에 의하여 명백하게 된 인류의 '이념'의 측면이다. 이로부터 쇼펜하우어는 개념과 이념을 구별한다§49, 328; 392. 개념은 추상적이고 논증적이며, 언어를 통하여 전달할 수 있다. 그와 반대로 이념은 직관적이고, 무수한 개별 사물들을 대표하면서 일반적인 특성을 갖는다. 이념은 개체 그 자체에 의해서는 결코 인식할 수 없으며, 오직 모든 의욕과 개성을 넘어서 순수한 인식 주관으로 높여지는 경우에만 인식이 가능하다. 따라서 천재만이 가장 탁월한 작품을 통하여 그러한 이념을 드러낼 수 있는 것이다. "이념은 직관적으로 파악한 시간과 공간 형식에 의하여 단일성이 다원성으로 분열한 것이다. 그와 반대로 개념은 우리의 이념의 추상화에 의하여 다원성이 다시 단일성으로 복원되는 것이다"§49, 322; 393. 개념은 규정하는 것 이상을 산출할 수 없는 생명이 없는 것이지만, 이념은 살아 있고 발전하고 새것을 만들 수 있는 생식력을 갖춘 유기체와 같은 것이다§49, 330; 394. 개념은 삶에 유용하고 학문에 필요한 것이지만 예술에는 무익하다. 그러나 이념은 모든 진정한 예술의 작품의 유일하고 참된 원천이다. 모방자는 개념에 따라 움직이지만, 진정한 예술가는 직관적으로 이념을 파악한다.

예를 들면, 라파엘로와 코레지오는 역사화에 포함시킬 수 없는 단순한 성자들, 어머니와 천사와 함께 있는 어린 메시아의 그림을 통하여 개별적인 사물을 향하지 않고 세계와 삶의 전체 본질에 대한 완전한 인식을 추구하고자 했다. 이러한 인식은 의지에 대한 동기를 제공하는 대신에 '모든 의욕의 진정제ein Quietiv alles Wollens'가 되었다. 이로부터 기독교의 '가장 내적인 정신'이나 '인도의 지혜'에서 말하는 '완전한 체념', '모든 의욕의 포기', '의지의 폐기', '세계의 전체 본질의 폐기', 한마디로 '구원Erlösung'이 생겨나게 된 것이다§48, 330; 390. 이 최고의 지혜를 직관적으로 표현하는 것이 예술의 과제이다. "예술은 의지의 적절한 객관성인 이념 속에서 모든 단계를 거쳐 의지를 추구해서, 의지가 원인에 의해 움직이는 가장 낮은 단계에서 시작하여 자극에 의해 움직이는 단계를 거쳐, 마지막으로 동기에 의해 다양하게 움직여 그것의 본질이 펼쳐지는 단계에 이른 후에, 이제 의지가 자체의 본질을 가장 완전하게 인식함으로써 생기는 하나의 커다란 진정제를 통해 의지가 거리낌 없이 자신을 포기하는 것을 그림으로써 끝나게 된다"§48, 328; 391. 예술의 대상은 개별적인 사물, 즉 일반적인 파악의 대상이나 합리적인 사유와 학문의 대상도 아니다. 그것은 플라톤적 의미에서 하나의 이데아이다§49, 328; 391.

모든 예술의 목적은 그렇게 파악한 이념을 전달하는 데 있다. 그 이념이 예술가의 정신을 통하여 드러난 경우에 감수성과 생산성이 떨어지는 사람들도 그것을 이해할 수 있게 된다§50, 332; 397. 그러나 어떤 예술작품을 그것이 묘사하는 것과 전혀 다른 의미로 규정할 경우가 있는데, 쇼펜하우어는 이러한 현상을 '알레고리Allegorie'라고 부른다. 이 경우에는 직관이 아닌 개념이 주도하므로 비예술적이다. 그리하여 예술작품은 개념과 이념의 표현에 봉사하게 되는데, 오직 후자만이 예술의 목적이다§50, 334; 399. 그런데 만일 묘사한 것과 그것이 암시하는 개념 사이의 연상에 근거하는 결합관계 없이 우연히 생겨난 규칙에 근거하여 관습적으로 연결된 알레고리의 변종은 '상징Symbol'이다§50, 334; 401. 예를 들면 장미는

침묵, 월계관은 명예, 종려나무는 승리, 조개껍질은 순례, 십자가는 기독교의 상징이다. 노랑은 허위의 상징이고 파랑은 충성의 상징이다. 그런데 어떤 역사적, 신화적 인물 또는 인격화한 개념이 언제나 확정된 하나의 상징으로 표시된 경우는 표징Emblem이다. '복음전도자의 동물', '미네르바의 부엉이', '파리스의 사과', '희망의 닻' 등이 바로 그것이다. 빙켈만은 알레고리를 변호했지만, 쇼펜하우어는 그런 태도에 비판적이다§50, 336; 402.

그러나 쇼펜하우어는 조형예술에서와는 달리 시문학Poesie에서는 알레고리를 허용한다§50, 336; 403. 조형예술에서 알레고리는 예술의 본래적 대상을 직관적인 것으로부터 추상적인 사유로 이끌지만, 시문학에서는 그와 반대되기 때문이다. 시문학에서 언어로 직접 주어진 것은 개념이고, 그 소재 역시 개념이기 때문이다. 그러므로 언어예술에서 은유Metapher, 비유Gleichnis, 우화Parabel, 알레고리Allegorie는 묘사의 깊이를 통해서 구별할 수 있는 탁월한 표현방식들이다§50, 337; 404.

그러나 시문학 역시 의지의 객관화 단계인 이념을 드러내려는 의도와 문학적으로 파악한 것을 전달하려는 의도를 가지고 있다§51, 340; 410. 이념은 본질적으로 직관적이다. 모든 예술이 목표하는 이념의 인식은 직관적으로만 가능하다. 시 문학의 독특한 보조 수단은 리듬과 운율이다§50, 341; 411. 의지의 객관성의 보다 낮은 단계는 조형예술이 적합하다. 인간의 단순한 모습이나 표정은 회화가 적합하고, 의지의 객관성의 최고 단계인 이념을 드러내고 인간의 노력과 행위, 사고와 감정을 통한 인간의 묘사는 시의 주제로 적합하다§51, 342; 412. 이 경우에 작가는 이념, 즉 모든 관계에서 벗어나 있고 모든 시대를 초월해 있으며 최고의 단계에 있는 물자체의 적절한 객관성인, 인류의 본질을 파악한다. 그의 인식은 선천적이고 그의 묘사는 삶 자체처럼 진실하다§51, 343; 413. 보편적인 인간으로서 시인은 어떤 사람의 마음을 움직이게 한 모든 것, 어떤 상황에서 인간의 본성이 그 자신의 바깥으로 내보낸 모든 것, 인간의 가슴속 어딘가에 머무르며 바깥으로 나오려고 하는 모든 것을 주제와 소재로 삼는다§51, 348; 421. "시인은 인류의 거울이고, 인류가 느끼고 행하는 것을 인류로 하여금 의식하게 해준다"§51, 349; 422. 가요Lied의 독특한 본질은 "종종 속박에서 벗어난 충족된 의욕(즐거움)으로서, 또한 보다 자주 억압된 의욕(슬픔)으로서, 언제나 흥분, 열정, 감동받은 기분으로서, 노래하는 사람의 의식을 채우는 의지의 주체, 즉 의지 그 자신의 의욕이다"§51, 349; 422. 그러나 노래하는 사람은 주변 자연을 바라보면서 "자기 자신을 의지가 없는 순수한 인식 작용의 주체로서 자각하게 된다." 그러다가 개인적 목적에 대한 회상이 차분한 관조에서 벗어나게 하고, 그러다가 또 다시 의지가 없는 순수한 인식이 우리에게 나타나게 하는 아름다운 주변 환경이 우리의 의욕을 유혹하면서, 주관적인 의욕과 환경에 대한 직관 작용이 서로 뒤섞이게 되면서, 주관적인 기분, 즉 의지의 흥분상태는 자신의 색채를 직관 속에 나타난 환경에 전달하고, 그 환경은 다시 반사작용으로 그 색채를 기분에 전달하면서, 그 모든 기분의 복제품으로서의 진정한 가요가 나오게 되는 것이다.

건축예술의 목적은 의지가 가시화한 것의 가장 낮은 단계에서 의지의 객관화를 분명하게 하는 것이다. 여기에서 의지는 물질의 막연하고 무의지적이고 법칙에 따르는 노력으로 나타나지만, 이미 자기분열과 투쟁, 즉 중력과 강성의 투쟁을 드러내면서 비극으로 마감했다§52, 356; 432. 그런데 쇼펜하우어는 여기에서 이 모든 예술과 전혀 다른 형태의 예술, 즉 음악Musik을 다루고 있다. 음악은 세계 속에 있는 존재의 이념을 모사하거나 재현한 것이 아니라는 점에서 다른 예술과는 전적으로 다르다. 음악은 '전체 의지의 직접적인 객관화이자 모사'이다. 음악은 이념의 모사가 아니라 '그 이념도 의지의 객관성인 의지 자체의 모사'이다§52, 359; 435. 바로 그 때문에 음악의 효과는 매우 강렬하고 감동적이다. 다른 예술이 그림자를 말한다면 음악은 본질을 말한다. 따라서 음악과 이념은 어떤 유사성이 존재하는데, 화음의 최저음은 마치 의지의 객관화의 가장 낮은 단계인 무기적 자연과 행성의 집단과 유사하고, 이로부터 화음의 법칙은 자연 안에서 모든 물체와 조직의 위계를 연상하게 한다§52, 360; 436.

플라톤은 음악을 "영혼의 감동을 모방하는 선율의 운동"De legibus 7, 812c이라고 했으며, 아리스토텔레스도 "단순한 음에 불과한 리듬과 선율이 어째서 영혼의 상태와 비슷한가?"Problemata, cap.19라고 묻고 있다§52, 362; 438. 선율Melodie은 음악에서 구속받지 않고 자의적으로 하나의 사상을 부단하고 의미심장한 연관 속에서 처음부터 끝까지 진행하면서 전체를 인도하는 주성부이다. 쇼펜하우어는 바로 이 선율에서 인간의 사려 깊은 삶과 노력인 의지의 객관화의 가장 높은 단계를 인식한다. 선율은 '의지의 역사', 그것도 '의지의 가장 비밀스런 역사'를 들려준다. 그것은 의지의 모든 감동과 노력, 그리고 이성이 추상작용으로 받아들일 수 없는 모든 것을 그려낸다. 이런 점에서 말이 이성의 언어라면, 음악은 '감정과 열정의 언어'인 것이다.

인간의 의지는 끊임없이 노력함으로써 충족에 이르면 또다시 새로운 소원으로 옮겨가고자 한다. 그것이 바로 인간의 행복이고 유복함이기 때문이다. 그와 반대로 충족에 이르지 못하는 것은 고통이고, 새로운 소원이 없는 갈망은 권태이다§52, 362; 438. 그런데 선율의 본질은 으뜸음에서 계속 벗어나고 일탈하는 데 있다. 그것은 3도 음정Terz과 딸림음Dominante, 불협화음인 7도 음정dissonaten Septime이나 또는 장음정을 반음 넓힌 증음정의 단계로zu den übermäßigen Stufen 이탈하면서도 언제나 으뜸음Grundton으로 돌아온다§52, 363; 439. 선율에서 인간의 의욕과 감각의 가장 깊은 비밀을 들추어내는 것은 천재의 작업이다. 작곡가는 그의 이성으로는 이해할 수 없는 세계의 가장 깊은 본질을 드러내고, 가장 심오한 지혜를 나타낸다. "음악은 결코 현상을 표현하는 것이 아니라 오직 모든 현상의 내면적인 본질인 즉자태, 즉 의지 그 자체를 표현한다"§52, 364; 441. 그 때문에 음악은 이런저런 개별적인 특정한 즐거움, 비애, 고통, 공포, 환희, 흥겨움, 마음의 평정을 표현하는 것이 아니라, 그와 같은 감정들의 본질적인 것을 표현한다. 음악은 사건 그 자체가 아니라 '삶과 그 사건의 진수'만을 표현한다. 이처럼 음악에만 고유하게 존재하는 보편성이 우리의 모든 고통을 치유하는 '만병통치약Panakeion, Allheilmittel'으로서 음악에 높은 가치를 부여하게 한다§52, 365; 441.

음악의 보편성은 공허한 추상 개념의 보편성이 아닌 경험의 모든 가능한 대상의 보편적인 형식이며, 모든 객관에 적용할 수 있는 일반적인 규정성이다§52, 365; 442. 그리하여 스콜라 철학자들은 "개념은 '사물의 뒤에 오는 보편성universalia post rem'이지만, 음악은 개별적 '사물에 앞서서 보편성universalia ante rem'을 부여하고, 현실은 개별적 '사물 속에 있는 보편성 universalia in re'이다"라고 말했다§52, 367; 444. 가시적인 세계 전체는 의지의 자기인식과 구원의 가능성을 위해 의지를 객관화한 것으로서 '의지의 거울'일 뿐이다§52, 371; 449. 세계처럼 의지를 객관화하는 음악도 완벽한 화음에서 비로소 완전해질 수 있다. 그러나 모든 가능한 음악은 완전한 순수성과는 거리가 멀다. 음악, 특히 '음의 완전히 순수한 화음 체계'는 모든 음에 본질적인 불협화음을 분할하는 방식을 취하기 때문에 완전하게 순수한 음악은 생각할 수조차 없다. 그것은 마치 동일한 의지가 이 세계를 '모든 현상의 지속적인 싸움터'로 만드는 것과 마찬가지다§52, 370; 448. 표상으로서의 세계 전체는 의지의 가시성에 불과하다. 예술은 그러한 가시성을 명확하게, 대상들을 보다 순수하게 보여주는 이른바 '삶의 꽃die Blüte des Lebens'이다§52, 371; 450. 천재는 삶의 즉자태, 의지, 존재 그 자체가 끊임없는 고뇌라는 사실 앞에서도 예술을 통하여 '모든 아름다움의 향유'를 가능하게 한다. 천재는 '예술이 주는 위안' 속에서 "세계의 본질을 순수하고 참되며 깊이 인식하는 것"을 삶의 목적으로 삼게 된다. 그러나 천재의 미적 열정조차도 '의지의 진정제'가 되지 않고, 영원히 그 자신을 구원할 수는 없다. 그것은 단지 한순간만 삶으로부터 구제할 뿐이고, 따라서 일시적으로만 삶에서 위로받게 되는 것뿐이다§52, 372; 451. 그렇다면 어떻게 의지를 진정시켜서 고뇌로부터 자유로울 수 있는가? 그래서 이 물음은 쇼펜하우어의 네 번째 책의 핵심 주제로 등장하게 된다.

제6장
제4권 의지로서의 세계
(두 번째 고찰)

"인식이 생기자마자 욕망은 사라져버렸다."

—『우프네카트*Oupnekhat*』,[19] studio Anquetil Duperron, vol 2, 216.

1. 개요: 윤리와 금욕주의

쇼펜하우어에게서 미적 관조는 의지의 예속으로부터의 일시적인 해방에 불과했다. 따라서 그는 이제 『의지와 표상으로서의 세계』 제4권에서 의지로부터의 영원한 해방을 가져다 줄 수 있는 덕과 윤리적인 문제로의 이행을 서두른다 §§53-71. 자신의 맹목적인 욕구를 충족시키는 것은 결국 다른

19　이 책은 쇼펜하우어가 1814년에 동양학자 마이어로부터 소개받은 페르시아판 우파니샤드의 라틴어 번역본이다.

사람들의 욕구를 유린하고 포기하게 하는 것이므로, 의지의 긍정과 의지의 부정의 문제, 이기주의와 자기부정의 윤리학 또는 구원론에 이르게 되는 것이다. 삶에의 의지는 이기심, 증오, 투쟁을 정당화하는 악의 원천이다. 그렇다면 도덕의 원천은 삶에의 의지의 부정에 있으며, 그것은 결국 자기 부정, 금욕, 고행을 통한 도덕적 진보의 길로 이어질 것이다.

세계 속에서 우리를 언제나 당혹스럽게 하는 것은 삶 그 자체가 하나의 범죄, 즉 원죄라는 사실이다. 삶이 죄악이라면, 고뇌와 죽음으로부터 속죄할 수 있는 구원은 삶의 부정이다. 그래서 죄와 고통의 저울 바늘은 수평을 이루는 것이다. 삶에의 의지는 그 자신을 객관화하고, 그 객관화를 통하여 고통받게 된다. 그러므로 삶에의 의지의 부정은 고통을 무화하고 도덕을 강화할 수 있는 첩경이다.

이러한 사실로부터 자살이 의지의 부정이고, 최고의 도덕적 행위라는 주장이 있을 수 있다. 그러나 쇼펜하우어는 자살은 의지의 부정이 아니라 '의지에 대한 항복'인 동시에 '삶에의 의지의 위장된 표현'이라고 말한다. 왜냐하면 자살자는 삶의 의지를 충족할 수 있는 조건의 결여로 인하여 좌절한 것일 뿐이고, 그에게 만일 그가 원하는 조건이 주어진다면 삶에의 의지를 철저하게 관철할 것이 자명하기 때문이다. 그렇다면 자살의 형태가 아닌 진정한 의미에서 의지의 부정, 즉 도덕의 길은 어떻게 가능한 것일까? 모든 사람은 각자 의지의 객관화이고, 그들의 행위는 이미 결정되어 있다. 각자의 개별적 의지에서 형이상학적 의지가 객관화하는데, 그것은 개별적 의지가 그 자체에서 그리고 그 행위에 앞서서 '예지적 성격'을 가지고 있기 때문이다. 그런데 개별적 의지가 계기적 행위들을 통하여 드러날 때 '경험적 성격'을 갖게 된다. '의지의 개별적인 행위'를 객관으로 가지고 있는 의식은 계기적으로 나타나면서 고유한 '성격'을 드러낸다. 그 때문에 우리는 '성격'을 부분적으로 그리고 단계적으로밖에 알지 못하는 것이다. 그는 아직 자기 자신의 의지의 장래 행위를 예견하지 못하고, 이미 이루어진 행위만을 의식할 뿐이다. 따라서 그의 경험적 행위는 단지 예지적 행위의 전개에 지나지 않는다. 경험적 행위는 예지적 행위의 결과이고, 그것에 의해서 규정된 것이 분명하다. 그러므로 자유의 감정이란 '인간의 행위를 결정하는 원인에 대한 무지의 산물(스피노자)'에 불과하다.

사람들의 행위는 이미 그들의 성격이 결정한다. 성격은 부단하게 욕망을 충족시키려는 삶에의 의지의 객관화이다. 그러나 쇼펜하우어는 성격결정론이 행위의 변화 가능성을 전적으로 배제한다고 보지는 않았다. 새로운 확신과 결단이 가능할 수 있기 때문이다. 물론 그러한 가능성은 현상적으로 보이는 모순을 극복할 수 있는 매우 특별한 조건에서만 그 모습을 드러낸다. 모든 것이 하나라는 사실을 통찰하는 경우에만 우리는 다른 사람의 고통을 나 자신의 고통과 같은 것으로 여기는 '동고同苦, Mitleid'의 감정을 느끼게 된다. 참된 선은 칸트에서처럼 정언명령에 대한 복종에 있는 것이 아니라, 자기애인 에로스와 구별된 형태의 사랑, 즉 아가페agape와 카리타스caritas인 것이다. 동고의 감정이 곧 진정한 사랑이다. "모든 참된 순수한 사랑은 동고이고, 동고가 아닌 모든 사랑은 사욕이다. 에로스는 사욕이고, 아가페는 동고의 감정이다." 그런데 현상에서 객관화한 의지가 스스로를 포기함으로써 자기 자신을 부정한다는 것은 분명히 자체모순을 범하고 있다. 그러나 쇼펜하우어는 이와 같은 자기부정은 아주 특별한 경우, 즉 의지 자체가 자유로서 충족근거율에 예속하지 않을 경우에 의지 그 자신의 자기 부정이 가능하다고 보았다. 결정론의 원리에 대한 특별한 예외를 승인한 것이다. 의지는 객관화 또는 개체화의 원리를 파악함으로써 의지 그 자신에 대한 파기 또는 부정을 선언할 수 있는 것이다. 그리하여 의지를 부정하는 사람은 모든 항성과 은하계를 가진 우리 세계를 무無로 파악한다. 그는 이와 같은 진리 사실이 기독교의 원죄설 및 구원설에서의 자기부정과 불교의 무아설에서 이미 앞서 주창하고 있는 사실을 발견하고 자신의 주장을 한층 더 강화한다. 삶에의 맹목적 의지를 부정하고 폐기하는 것, 그것은 바로 세계를 무로 이해하는 새로운 도덕의 출현을 가능하게 할 수 있다는 것이다.

2. 자유 법칙의 모순과 의지의 자유 §§53-54

쇼펜하우어는 인간의 행위를 다루는 실천철학은 자체모순에 있다는 사실로부터 출발한다. 일반적으로 윤리학은 칸트에서와 같은 '보편적인 도덕원리'를 전제하지만, 쇼펜하우어는 그와 같은 '절대적인 당위unbedingtes Sollen'나 '자유를 위한 법칙Gesetz für die Freiheit'은 '모순'을 내포하고 있다고 본다§53, 376; 456. 의지가 자유롭다고 하면서 그것이 의욕할 때 법칙에 따라야 한다는 것은 '나무로 된 철'처럼 명백한 모순이라는 것이다§53, 377; 457. 의지로부터 의지의 행위와 의지의 세계, 즉 의지의 '자기인식'이 나타난다. 따라서 오직 의지만이 그 행위와 세계를 규정할 수 있다. 그리하여 쇼펜하우어는 '칸트의 위대한 학설'과는 반대로 근거율에 따르는 현상 자체와 현실 세계를 넘어서려고 하지 않겠다고 다짐한다. 또한 그는 소극적이고 내용이 없는 개념으로 도피하거나 '절대적인 것', '무한한 것', '초감각적인 것'을 과장하여 언급할 생각이 없다. 쇼펜하우어는 자신의 철학적 위상을 생각하면서 우주진화론, 유출설, 타락설, 그리고 셸링이 말한 '어두운 근거finsterer Grund', '원근거Urgrund', '무근거Ungrund'를 통하여 세계의 본질을 역사적으로 파악하려는 철학적 사유를 개진한다§53, 378; 458. 그는 이 모든 철학사적 논의가 결국 칸트가 현상이라고 부른 것에 머물러 있을 뿐이고, 플라톤이 말한 이데아의 존재에 대한 것은 아니라는 사실을 깨닫는다. 그것들은 '근거율에 따르는 인식'으로서 결코 사물의 내적 본질에는 이르지 못하고 현상들만을 무한히 추구하는 '마야의 베일das Gewebe der Maja'에 머물렀던 것이다§53, 379; 459. 그리하여 쇼펜하우어는 칸트적인 현상을 넘어서서 세계의 내적 본질을 인식할 수 있는 방식을 예술과 철학에서 찾으려고 했으며, 그로부터 '참된 신성과 세계로부터의 구제로 이끄는 마음의 정서'를 얻고자 했다§53, 379; 460.

의지는 물자체이고 세계의 내적 내용이며 본질적인 것이다§54, 380; 461. 의지는 그 자체로는 '인식이 없고 단지 맹목적이며, 제어할 수 없는 충동'에 불과하다. 삶, 가시적인 세계, 현상은 '의지의 거울'이자 '의지의 객관성'이다. 의지는 삶의 무기적, 식물적, 동물적 자연과 인간의 단계와 그 법칙들에 나타난다. 삶은 표상에 대하여 그 의욕이 나타난 것이므로, 의지가 의욕하는 것은 언제나 삶이다. 그래서 의지는 바로 삶에의 의지인 것이다. 그리하여 의지가 있는 곳에는 삶과 세계가 있다. 삶에의 의지가 충만한 곳에는 죽음이 있더라도 그 존재를 위협하지 못한다. 개체는 생성하고 소멸한다.

그러나 현상에 불과한 개체는 근거율, 또는 개별화의 원리가 규정하는 인식을 통해 존재할 뿐이다. 개체는 삶의 선물로 인하여 무에서 태어나 죽음을 통하여 그 선물을 잃어버린다. 그러나 우리는 의지, 모든 현상 속의 물자체, 그리고 모든 현상을 바라보는 인식 주관은 출생과 사망에 의해 아무 영향도 받지 않는다는 것을 안다§54, 380; 462. 삶에의 의지는 개체의 생멸에서 어떤 상처도 받지 않는다§54, 382; 463. 자연에서 중요한 것은 개체가 아니라 종족Gattung이다. 자연의 왕국에는 무한히 많은 수의 가능한 개체들이 존재하므로, 자연은 언제라도 개체를 버릴 준비가 되어 있다. 따라서 자연에서는 개체가 아니라 이념만이 본래적인 실재성, 즉 의지의 완전한 객관성을 표현한다. 인간은 자연 그 자체이고 자연의 자기의식의 최고 단계에 있지만, 자연은 삶에의 의지가 객관화한 것에 불과하다§54, 382; 464. 종족은 영원하지만 개체는 무상한 것이다.

의지, 삶, 실재의 현상 형식은 미래도 과거도 아닌 현재뿐이다. 미래와 과거는 개념 속에 존재하고, 현재만이 삶의 확실한 소유물이다§54, 384; 466. 의지가 표상이 되는 한에서 모든

객관은 의지이고, 주관은 모든 객관의 필연적인 상관 개념
이다. 그러나 실재하는 객관은 현재 속에서만 존재하고, 과
거와 미래는 개념과 환영만을 포함한다§54, 385; 467. 의지에는
삶이, 삶에는 현재가 확실하다§54, 386; 468. 스콜라철학자들은
형이상학적으로 지속하는 유일한 것을 '영속하는 현재Nunc
stans, das beharrende Jetzt'라고 불렀는데, 쇼펜하우어의 경우에도
의지는 언제나 현재와 함께 있다. 삶의 형식은 끝이 없는 현
재이다§54, 388; 470. 따라서 있는 그대로의 삶에 만족하는 사
람, '삶을 긍정하는 사람'은 죽음의 공포를 물리칠 수 있다§54,
387; 469. 그래서 자살은 무익하고 어리석은 행동이다.

교의Dogma는 변하고 우리의 지식은 믿을 수 없지만, 자연
은 그릇됨이 없다. 자연의 진행은 확실하고, 자연은 그것을
숨기지 않는다§54, 388; 470. 모든 것이 자연 속에 있고, 자연 속
에 모든 것이 있다. 모든 자연 속에서 자연은 중심을 갖고
있다§54, 388; 471. 동물은 파멸에 직면해서도 두려워하지 않지
만, 인간은 자신이 죽을 것이 확실하다고 생각한다. 그러나
물자체인 의지에게는 세계의 눈인 순수한 인식 주관에서처
럼 지속도 소멸도 없다. 물자체로서는 무시간적이고 무한하

지만, 현상으로서는 무상하다§54, 390; 472. 물자체에만 귀속하는 죽음의 면제가 현상에서는 그 밖의 외부 세계의 영속과 일치한다§54, 390; 473. "죽어가는 사람은 자신의 감각과 전체 능력을 그의 아들에게 하나하나 넘겨주고, 그것들이 그에게서 계속 살아가도록 한다"『우프카네트』 제2권, 82쪽 이하. 우리가 죽음에서 두려워하는 것은 결코 고통이 아니다. 이 고통은 분명 죽음의 이편에 있으므로 어떤 경우에 고통이 두려워 죽음으로 도피하는 일이 있다. 그와 반대로 죽음이 빠르고 쉬울 수 있으나, 죽음을 피하기 위해 끔찍한 고통을 감수하는 일도 있다§54, 391; 473. 정작 우리가 죽음에서 두려워하는 것은 개체의 멸망이다. 그러나 개체는 삶에의 의지가 개별적으로 객관화한 것이므로 개체의 본질 전체는 죽음에 저항한다§54, 391; 474. 그리하여 세계의 본질에 대한 철학적 인식 자체가 개인을 성찰하게 하여 죽음의 공포를 극복할 수 있게 한다. 의지의 객관화나 모상이 세계 전체인 의지라는 사실을 알고 있는 사람들은 "삶은 언제나 확실하고, 의지의 본래적인 형식이자 유일한 형식인 현재도 그에게 확실할 것이고, 과거나 미래를 헛된 환영, 마야의 직물이라 볼 것이므로, 그가 존재하지 않는 무한한 과거나 미래를 두려워하지 않을 것이다"§54, 392; 475.

쇼펜하우어는 '삶에의 의지의 부정'에서 인식한 개별적인 현상은 의욕의 동기로 작용하는 것이 아니라 이념을 파악함으로써, 의지를 반영하는 세계의 본질에 관한 인식 전체가 '의지의 진정제'가 되고, 그래서 의지가 자신을 포기하게 된다고 말한다§54, 393; 476. 그러나 쇼펜하우어는 긍정과 부정 가운데서 어느 한쪽을 지시하거나 권장하는 것은 무의미하다고 본다§54, 393; 477. 의지 자체는 완전히 자유롭고, 전적으로 스스로만을 규정하는 것이며, 의지에 대해서는 아무런 법칙도 없기 때문이다. 이로써 쇼펜하우어가 윤리학의 법칙이 모순을 내포하고 있다고 본 의미가 분명해졌다. 그것은 오직 의미만이 자유롭고, 모든 현상은 근거율에 예속한다는 '하나의 사상'을 관통하고 있다.

3. 결정론과 자유 §§55-60

의지 자체가 자유롭다는 것은 의지가 모든 현상의 내용인 물자체라는 사실에서 나온다§55, 395; 479. 근거율에 따르는 자연의 모든 현상은 전적으로 필연적이다. 그 반대로 근거율에 종속하지 않은 물자체로서의 의지는 자유롭다. 여기에서 자유 개념은 필연성의 부정이라는 방식으로 접근했다는 점에서 부정적인 성격을 가지고 있다. 쇼펜하우어는 '자유의 필연성과의 합일'이 어떻게 가능한가를 보여주고자 한다. 그것은 인간이라는 특수한 존재에서 볼 수 있는 사건이다.

모든 사물은 현상으로서 전적으로 필연적이지만, 의지의 객관성의 한 유형인 인간은 '경험적 성격empirischer Charakter'과 '예지적 성격intelligibler Charakter'을 동시에 가진 존재이다. 인간 역시 자연 현상의 일부이기에 그의 존재는 근거율에 따라야 하는 필연적 존재로서 경험적 성격을 갖는다§55, 396; 480. 그러나 동시에 인간은 '의지의 가장 완전한 현상'으로서, 의지가 '완전한 자기의식'에 도달할 수 있고 전체 세계에 반영된 자기 자신의 본질을 분명하게 인식할 수 있는 독특한 존재라는 것이 밝혀졌다§55, 396; 481. 이러한 사실로부터 쇼펜하우어는 물자체인 의지에만 귀속하고 현상에서는 결코 드러날 수 없는 자유가 오직 인간의 경우에 나타남으로써 '현상의 그 자신과의 모순'을 범하고 있는 사실을 지적한다§55, 396; 481. 자기 인식을 가진 존재인 인간은 '의지의 포기'와 '자기부정'을 그 완전한 현상 속에서 실행할 수 있는 독특한 존재이고, 이 점에서 인간은 다른 모든 존재와 구별되는 자유로운 존재인 것이다. 그러나 인간의 자유는 특정한 의미로만 이해해야 한다. 쇼펜하우어는 '인간'을 '자유로운 의지의 현상'으로 규정한다§55, 396; 482. 다시 말하면 '인간의 모든 본질'은 의지이지만, 인간 자신은 이러한 '의지의 현상'에 지나지 않는다는 것이다. 그래서 현상으로서의 인간은 근거율, 특히 동기 부여의 법칙을 필연적으로 따라야 한다는 점에서 '결코' 자유로운 존재라고 할 수 없다.

쇼펜하우어는 '의지의 자유'에 관한 현상논문*Über die Freiheit des menschlichen Willens*에서 사람들은 경험적으로 주어진 의지의 절대적 자유, 즉 어떤 영향도 받지 않는 자유로운 의지의 결정이 자기의식에서 이루어지는 것으로 착각한다고 한 바 있다§55, 399; 484. 이 논문은 「도덕의 기초에 대하여」와 함께 『윤리학의 두 가지 근본 문제』라는 제목으로 출판되었다. '참된 물자체로서의 의지'는 근원적이고 독립적인 것이다. 그래서 인간의 자기의식 속에서도 근원성과 자주 독립성의 감정이 있을 수 있는데, 그러나 이것은 이미 결정된 의지 행위이다. 의지에 경험적 자유가 있다거나 개별적 행위에 자유가 있다는 가상은 지성이 의지의 종속적인 위치에 있을 때 생기는 현상이다§55, 400; 485. 지성은 의지가 어떻게 결정할 것인가에 대한 자료를 가지고 있지 않다. 그러나 지성은 의지의 결정을 후천적, 경험적으로 파악할 수 있다. 의지의 결정은 지성의 영역에서 사안의 최종적인 결과로서 전적으로 '경험적인 것'으로 알려진다§55, 401; 486. 그러나 그 결정은 의지가 주어진 동기와 충돌을 빚게 되는 '개인적 의지의 내적 속성', 즉 '예지적 성격'에서 나온 것이다§55, 402; 487. 이 예지적 성격은 주어진 동기가 필연적으로 오직 하나만을 결정하는 사실을 보여준다. 이 경우에 지성은 동기의 속성을 살피는 데 그치고, 의지 자체를 규정할 수는 없다. 지성은 의지에 접근할 수 없고 의지를 탐구할 수도 없기 때문이다. 따라서 쇼펜하우어는 '개별적인 행위의 자유', 즉 '아무런 영향을 받지 않는 자유로운 의지의 결정'에 대한 논쟁을 '의지가 시간 속에 있는가, 아니면 시간 속에 없는가의 문제'로 이해하였다. 만일 의지가 물자체로서 시간과 근거율의 모든 형식의 바깥에 있다면, 개인은 같은 상황에서 늘 같은 방식으로 행동하게 될 것이다. 따라서 경험적 성격과 동기가 완전히 주어져 있다면, 인간의 모든 미래 행동까지도 계산할 수 있을 것이다. 모든 현상이 자연 법칙에 의하여 일어나듯이 모든 개별적인 행위도 성격에 따라서 일어난다. 그렇다면 현상에서 원인과 행위의 동기는 다만 기회 원인에 불과하다. 의지의 현상은 인간의 모든 존재와 삶을 이루고 있다. 그 의지는 개별적인 경우에 부인할 수 없으며, 인간이 전체적으로 의욕하는 것을 개별적으로도 언제나 의욕할 것이다. '의지의 경험적인 자유', 즉 '아무런 영향을 받지 않는 자유로운 의지 결정'의 주장은 인간의 본질을 근원적으로 '인식하는 존재', 즉 하나의 '영혼'으로 간주하는 것과 관련이 있다§55, 403; 488.

쇼펜하우어는 데카르트와 스피노자가 의지를 사유행위나 판단과 동일시하는 데 반대하여, 의지를 '최초의 근원적인 것'으로 보고, 인식은 단지 '의지의 도구'로서 의지의 현상에 속하는 것으로 이해하였다§55, 403; 488. 모든 인간은 의욕이 그의 본질의 토대이다. 따라서 그의 성격은 그의 의지를 통하여 있는 그대로의 근원적인 것이다. '의지의 자유'는 인간의 모든 인식에 앞선 자기 자신의 작품이고, 그 인식은 의지의 자유에 부가한 것일 뿐이다§55, 403; 489. 따라서 인간은 이런저런 존재라고 결정할 수도 없고 다른 사람이 될 수도 없으며, 언제나 '결정적으로 그 자신'이고, '연속적으로 자기가 무엇인지 인식하는 것'이다. 이러한 '성격'을 그리스인들은 에토스ēthos라고 불렀다. 그런데 외부에서 인간의 의욕에 영향을 줄 수 있는 동기는 의지 자체를 변화시킬 수는 없고, 다만 의지의 노력의 방향을 변화시키거나 의지의 추구 방식을 다르게 할 뿐이다§55, 405; 491. 물론 의지는 변화시킬 수 없지만, 그것이 행동에 미치는 인식의 영향은 지대하여 각각의 특이한 성격으로 나타난다§55, 407; 493. 의지의 변화가 아닌 인식의 변화에서 생기는 것 중의 하나가 '후회Reue'이다. 후회는 내가 의욕한 것에 대해서가 아니라 내가 행한 것에 대하여 '보다 나은 인식'으로 반성하는 것이다. 따라서 그것은 '본래의 의도에 대한 행동 관계를 시정한 인식'에 다름없으며, 언제나 가능한 한 일어난 일을 개선하는 방향으로 드러난다§55, 408; 494. 이로부터 저질러진 일에 대한 '양심의 가책'이 생기는데, 그것은 후회를 넘어서서 '의지인 자기 자신을 인식한 것에 대한 고통'이다. 양심의 가책은 동일한 의지를 언제나 갖고 있다는 확실성에 근거한다§55, 409; 495.

의지 그 자체는 현상을 떠나서 자유롭고 전능하지만, 인식에 비쳐진 개별적인 현상, 즉 인간과 동물 속에서는, 동기가 규정하고, 그 동기에 대하여 그때마다의 성격이 언제나 같은 방식으로 법칙에 따라 필연적으로 반응한다§55, 413; 500. 인간은 주어진 추상 또는 이성 인식으로 선택 결정 Wahlentscheidung을 하는 점에서 동물보다 우월하다. 그러나 이 선택 결정은 인간을 동기들이 지배하는 싸움터로 만들기 때문에, 인과성의 법칙에서 독립한 개인적 의욕의 자유가 들어설 수 없게 한다. 그리하여 다른 현상에서와 같이 인간 역시 인과성 법칙의 필연성에 의하여 제약을 받게 되는 것이다. 그러나 만일 인간이 근거율에 따르는 개별적 사물 그 자체에 대한 전체적 인식을 버리고, 이념을 인식할 경우에는 물자체로서의 의지의 본래적 자유의 출현이 실질적으로 가능하게 된다. 이 경우에 현상은 '자기 자신과의 어떤 모순', 즉 '자기부정'에 이르게 되면서, 결국 그 현상의 본질의 즉

자태가 소멸하게 된다§55, 414; 501. 쇼펜하우어의 마지막 과제
는 바로 "물자체로서의 의지의 본래적인 자유의 현실적인
출현"이 어떻게 가능한가를 보여주는 데 있다§55, 414; 501. 쇼
펜하우어는 그 단초를 "마음을 옭아매는 괴로움의 고삐를
단호히 끊는 자는 정신의 최상의 구원자이다"라고 노래했
던 로마의 시인 오비디우스에게서 찾고 있다「사랑의 노래Remedia
amoris」, 293.

이처럼 의지의 자유와 전능은 가시적인 세계 전체와 현상
에서도 그 자신의 모습을 드러낼 수 있다. 그러나 그런 방식
으로 드러난 인간의 의욕이 '동기Motiv'에 의하여 지배되는가,
아니면 모든 의욕을 진정시키고 없애버리는 '진정제Quietiv'
가 되는가에 따라서, '삶에의 의지의 긍정과 부정Bejahung und
Verneinung des Willens zum Leben'의 길로 갈라지게 된다§56, 423; 511. 그
런데 삶의 내적 본질인 의지 그 자체는 맹목적으로 자신의
긍정을 향하여 무한 돌진한다. 의지의 유일한 본질은 언제
나 부단하게 노력하고 추구한다는 사실에 있다§56, 424; 512. 의
지의 객관화의 가장 낮은 단계인 중력은 연장점이 없는 중
심을 향하여 부단하게 밀치고 나아가고, 그곳에 도달해서

도 나아가는 것을 멈추지 않으며, 고체나 액체도 끝없이 자신의 욕구를 추구한다. 식물의 생존 역시 최종점인 씨앗을 산출할 때까지 계속되지만, 그것을 충족한 상태에서도 멈출 줄 모른다. 다시 말하면 의지는 어디서도 최종적인 만족을 찾지 못하는 것이다§56, 424; 513.

그런데 우리는 모든 사물의 원핵과 즉자태를 이루는 노력과 추구가 우리 내부에서 가장 완전한 '의식'의 빛에 의하여 가장 분명하게 드러날 때 '의지Wille'와 같은 것으로 인식했다§56, 425; 513. 그리고 의지가 저지당하는 경우에 '고뇌Leiden'가 생기고, 의지가 그 목표를 달성하면 만족Befriedigung, 안녕Wohlsein, 행복Glück을 느끼게 된다§56, 425; 514. 그러나 만족과 행복은 영원한 것이 아니고, 언제나 새로운 노력의 일시적인 목표에 지나지 않는다. 따라서 언제, 어디서 그 노력이 저지당하면 그것은 이제 고뇌로 나타나게 된다. 노력의 최종 목표가 없으므로, 고뇌의 정도와 한계도 없다. 그런데 이와 같은 고뇌는 자연 속에서 식물, 동물의 순서대로 점점 더 커지고, 급기야 인간의 경우에는 가장 분명하게 나타난다. 인간 중에서도 천재성을 가진 사람은 그 고통의 정도가 가장 크게 출현한다§56, 426; 515. 그래서 구약성경의 「코헬렛」「전도서」에서는 "지혜가 많으면 걱정도 많고 지식을 늘리면 근심도 늘기 때문이다"1,18라고 했던 것이다. 이 고통과 근심이 바로 인간의 생존 속에서 의지의 내적이고 본질적인 운명인 것이다.

의지는 인식에 의하여 드러난 모든 단계에서 현상적인 개체로서 나타난다§57, 426; 516. 인간 역시 무한한 공간과 시간 속에서 미미한 크기를 가진 보잘것없는 개체로서, 그 본래적인 현존은 현재에만 있다§57, 427; 516. 그래서 현재가 부단하게 과거로 이행하는 것은 곧 끊임없이 죽어가는 것을 뜻한다. 따라서 개체의 과거의 삶은 이미 완전히 끝나버린 아무것도 없는 것으로서, 그것이 고통인가 즐거움인가를 따지는 것은 무의미하다. 전적으로 불확실한 미래는 그러나 너무나 짧으며, 결국에는 과거 속으로 들어가는 죽임일 뿐이다. 우리 신체의 삶 역시 저지된 죽음이자 연기된 죽임일 뿐이다. 정신의 활기가 지루함을 물리치고, 부단한 호흡으로 죽음을 물리치더라도, 결국에는 죽음이 승리할 것이다§57, 427; 517. 우리는 탄생과 더불어 이미 죽음의 손아귀에 들어가 있는 것이다. 인식이 없는 무기물의 자연과 식물과 동물, 그리고 인간의 노력과 추구조차도 그 본질적인 토대는 결핍, 부족, 고통이다. 인간은 그 본질상 근원적으로 이미 고통의 수중에 있으며, 무서운 공허와 지루함에 빠져 있는 것이다. 그런데 의지의 본질인 부단한 노력은 객관화의 보다 높은 단계들에서 '살아 있는 신체'가 바로 '객관화된 삶에의 의지 자체'라는 것을 보여준다§57, 426; 518. 의지의 가장 완전한 객관화인 인간은 모든 존재 가운데서 욕구가 가장 해소되지 않은 존재로서 욕망 그 자체라고 할 수 있다.

생존의 욕구와 가장 밀접한 요구는 '종족 번식Fortpflanzung des Geschlechts'이다. 그러나 인간은 사방으로 매우 다양한 위험에 처해 있다. 그래서 기원전 1세기에 활동한 로마의 철학자 루크레티우스는 "아, 삶이 계속되는 한, 왜 이런 존재의 암흑 속에, 왜 이러한 커다란 위험 속에서 살아가야 한단 말인가!"라고 했던 것이다『사물의 본성에 대하여De rerum natura』2,15. 그리하여 "삶 자체는 암초와 소용돌이로 가득 찬 바다"이고, 결국에는 '힘겨운 항해의 최종 목표'인 죽음 앞에서 난파할 것이 자명하다§57, 429; 519. 인간이 전력을 다하는 '생존에 대한 노력'은 결국 죽음 앞에서 좌초하기 때문에, 비록 생존을 보

장하더라도 인간은 결국 지루함과 곤궁함에 빠지게 된다§
57, 430; 520. 궁핍이 민중의 재앙이라면 지루함은 상류층의 재
앙이다. 인간의 모든 삶은 전적으로 의욕과 성취 사이를 계
속 흘러가므로, 소망은 본성적으로 고통이고, 성취는 포만
을 낳고 목표는 피상적일 뿐이며, 소유는 매력을 떨쳐내고,
새로운 모습으로 소망과 욕구가 다시 출현한다§57, 430; 521. 인
생의 가장 아름다운 부분이나 가장 순수한 즐거움조차도 모
든 의욕과는 생소한 '순수한 인식 작용', '아름다움의 향유',
'예술에 대한 진정한 즐거움'으로서 우리를 무관심한 방관자
로 만들 뿐이다. 그것조차도 그나마 극소수의 사람들에게만
슬쩍 지나가는 꿈으로 주어질 뿐이며, 대다수의 사람들에게
는 아무런 상관도 없는 일이다. 결론적으로 "자연이나 행복
이 무슨 일을 하든, 사람이 누구이고, 무엇을 소요하든, 삶
에 본질적인 고통을 떨쳐버릴 수 없다"§57, 431; 522.

그렇다면 이러한 고통을 근본적으로 떨쳐낼 수 있는 길은
무엇인가? 고통은 본래 삶을 유지하기 위한 걱정, 즉 궁핍
과 고난에서 온다. 고통은 형편에 따라서 성욕, 열애, 질투,
시기, 증오, 불안, 명예욕, 금전욕, 질병 등으로 나타난다§57,

432; 523. 따라서 '스토아적인 무관심stoische Gleichgültigkeit'이나 '평정심Gleichmut'도 그것을 극복할 수 있는 방편일 것이다§57, 433; 523. 그러나 현실적으로 모든 개인이 걸머지는 고통의 양을 결정하는 것은 그 사람의 본성이고, 고통의 형식이 변하더라도 그 양은 계속 비어 있지도 채워지지도 않을 것이다§57, 433; 524. 스토아적 윤리는 지나친 기쁨과 고통의 밑바닥에 있는 모든 오류와 망상들로부터 마음을 해방시켜서 평정심을 갖게 하는 데 있다§57, 436; 527. 그러나 고통은 외부로부터 오는 것이 아니라 바로 그 자신 속에 '마르지 않는 고통의 샘'이 있다는 것을 알아야 한다§57, 437; 528. 실존 자체가 고뇌이고 고통인 것이다. 참된 의미에서 실존의 욕망이 충족되는 것은 현실적으로 불가능하기 때문이다. 그러나 사람들은 고통의 원인을 그 자신의 밖에서 찾으려고 한다.

모든 충족과 행복은 본질적으로 적극적인 것이 아니라 소극적인 것이다. 행복은 자발적으로 찾아오거나 지속적으로 있는 것이 아니고, 고통과 부족에서 벗어난 것에 불과하다. 그것은 언제나 어떤 특정한 부족과 결핍, 즉 소망의 충족이므로, 그것의 성취와 함께 즐거움도 끝난다§58, 438; 529. 따라서 결국에는 소망을 충족하기 이전의 상태로 되돌아가고, 또다시 새로운 고통과 권태, 갈망이 생겨난다. 우리에게 직접 주어진 것은 언제나 결핍과 부족, 즉 고통뿐이고, 그것들이야말로 본래적인 의미에서 '적극적인 것'이다§58, 438; 529. 쇼펜하우어는 '진정한 지속적인 행복'은 불가능하므로, 결코 예술의 대상이 될 수 없다고 말한다§58, 439f; 531. 전원시와 서사시는 후회, 고뇌, 공허, 권태가 없는 순수한 행복을 노래하지만, 그것으로 삶 전체를 채울 수는 없다§58, 440; 532. 음악의 선율 역시 자기 자신을 의식한 의지의 가장 내적인 역사, 즉 삶, 동경, 고뇌, 즐거움에 대한 일반적인 표현을 그려내고자 한다. "선율은 언제나 으뜸음으로부터의 이탈이고, 수많은 기이한 방황을 거쳐 가장 고통스러운 불협화음에까지 이르며, 그런 다음에 의지의 충족과 안심을 표현하는 으뜸음으로 되돌아간다. 그러나 그런 후에는 이 으뜸음으로부터 더 이상 아무것도 할 수 없고, 그것이 길게 계속되면 지루함만 일으키는 성가시고 무의미한 단조로움일 뿐이다"ibid. 의지는 목표도 끝도 없는 추구이므로 지속적인 충족, 행복이란 불가능하다.

흔히 인간의 삶의 '세 가지 극단'을 그 현실적인 삶의 요소로 간주해왔는데, 그 첫째는 '강력한 의욕das gewaltige Wollen', '커다란 열정die großen Leidenschaften'이라 불리는 '라챠-구나Radscha-Guna'인데, 이것은 위대한 역사적 인물들에게서 나타나며 서사시나 희곡에서 다룬다. 둘째는 '순수한 인식활동das reine Erkennen', '이념의 파악das Auffassen der Ideen'이 가능한 '천재의 삶das Leben des Genius'이라 불리는 '사트바-구나Sattva-Guna'이고, 셋째는 '의지의 극단적 무관심die größte Lethargie des Willens', '의지에 속박된 인식의 극심한 무관심, 공허한 동경, 삶을 마비시키는 지루함'이라 불리는 '타마-구나Tama-Guna'이다§58, 441; 532. 대다수의 사람들은 '빛바랜 동경'이자 '괴로움'인 '인생의 사계四季'를 거치면서 결국에는 죽음을 향해 가는 비틀거림일 뿐이다§58, 441; 533. 그리하여 모든 개인의 삶은 본래 '하나의 비극ein Trauerspiel'이지만, 삶의 세부영역에서는 유치한 희극들을 연출하기도 한다§58, 442; 534. 인간은 삶의 걱정과 불안을 덜어내기 위하여 자신의 모습에 비추어 마귀, 신, 천사를 만들어내서, 삶의 모든 사건의 마귀와 신의 반응으로 간주하고, 그것들에 대한 희생, 기도, 서원, 사원 및 성상 장식, 순례 등을

행한다. 이러한 교제, 즉 미신은 삶의 절반을 차지하여, 사
람들로 하여금 계속 희망을 갖게 하는 것이다§58, 443; 535.

인생은 본질적으로 다양한 모습을 한 고뇌로 가득 차 있
다§59, 443; 536. 인간 세계는 '우연과 오류의 왕국das Reich des Zufalls
und des Irrtums'이고, '우둔과 악의'가 무자비하게 판을 치고 있
다§59, 444; 537. 사유 영역에서는 불합리하고 잘못된 것들이,
예술 영역에서는 천박하고 몰취미한 것들이, 행위 영역에
서는 악의와 교활한 것들이 지배적인 위치를 차지하고 있
으며, 탁월한 것은 오직 예외적인 현상일 뿐이다. 모든 인
생사는 '고난의 역사'이다. 따라서 혹자는 너무나 비참한 자
신의 삶보다는 '완전한 무의 상태'를 선호할 수도 있다. '죽
느냐 사느냐'의 양자택일 앞에 서 있는 햄릿에서처럼, 자살
은 '최고로 선망하는 완성'일 수도 있다§59, 445; 537. 그래서인
지 역사의 아버지 헤로도토스가 "다음 날을 맞고 싶지 않다
고 한 번 이상 원하지 않은 사람은 아무도 없다"『역사』 제7권 46
장고 말한 것에 대해서는 아무도 반박하지 않았다§59, 445; 538.
라이프니츠는 이 세계가 '가능한 세계 중에서 최선의 세계'
라고 말했는데『변신론』, 제1부 8장, 쇼펜하우어는 단테조차도 그러

한 현실 세계에서 지옥의 재료를 구했지만, 우리 세계에는 천국의 재료가 될 만한 것은 거의 없다고 말했다§59, 446; 539. 인간은 언제나 자기 자신에게 의존하는 수밖에 없지만, 신들에게 구걸하고 아부하기 위하여 헛되이 신들을 만들었다§ 59, 447; 540. 구약성서에 의하면 세계와 인간은 신의 작품이다. 그러나 신약성서는 이 세상의 고난으로부터의 구원과 구제가 이 세상 자체에서만 가능하기 때문에 그 신이 인간이 되도록 할 수밖에 없다고 가르치고 있다. 또한 복음서는 세계와 고난을 동의어로 사용하고 있다. 그러므로 기독교를 단순히 낙천주의라고 생각할 필요는 없을 것이다. 쇼펜하우어는 인도의 은자, 순교자, 온갖 신앙에서의 성자는 그들 마음속에서 '삶에의 의지'가 소멸되었기에 자발적으로 모든 고문을 참고 견디었다고 지적한다. 예수 그리스도 역시 거기에서 예외는 아니었다는 것이다.

　쇼펜하우어는 '의지 그 자체의 자유' 및 그 '의지 현상의 필연성'에 이어서 '의지의 본질을 반영하고 있는 세계에서 의지의 운명'을 설명하였는데, 의지는 이 세계에 대한 인식으로 자신을 긍정하거나 부정해야 한다는 사실을 보여주었다

§60, 447; 541. '의지의 긍정die Bejahung des Willens'은 "인간의 삶을 일반적으로 가득 채우고 있는 것처럼 어떤 인식에 의해서도 방해받지 않는 부단한 의욕 그 자체이다"§60, 447; 541. 인간의 신체도 개인에게 나타나는 의지의 객관성으로서, 신체의 긍정은 '개체의 유지'와 '종족 번식'을 가능하게 한다§60, 448; 541. 신체 자체의 힘으로 신체를 유지하는 것은 의지의 긍정의 정도가 낮은 것이다§60, 449; 543. 신체의 죽음과 더불어 의지도 소멸할 것이기 때문이다. 그러나 '성욕의 충족'은 개체의 죽음을 넘어서서 삶을 긍정하며, 불특정한 시간에까지 삶을 연장하고자 한다. 이때 '충동의 격렬함'은 '삶에의 의지의 아주 단호한 긍정', 즉 자연 속에서의 '새로운 삶'으로 나타나는데, 그것이 곧 '생식Zeugung'이다§60, 450; 544. 생식은 의지 속에 나타나는 의지의 근거라기보다는, 그 의지가 특정한 시간과 장소에 나타나는 '현상의 기회원인'에 불과하다. 쇼펜하우어는 생식과 관련한 일을 수치스럽게 여기는 것은 '아담의 타락'과 연관이 있으며, 따라서 아담의 타락 신화는 성욕의 충족과 연관이 있다고 생각한다. 그에게 아담은 '삶의 긍정의 대표자'로서 죄(원죄), 고뇌, 죽음을 면할 수 없다§60, 450;

545. 그러나 이념의 인식의 차원에서 모든 개체는 '의지의 부정의 대표자'인 구세주와 동일시되고, 예수 그리스도의 자기희생으로 이 세상으로부터 구원을 받게 되었다로마 5,12-21. 성욕의 충족은 개별적인 삶을 넘어서는 삶에의 의지의 긍정이며, 개체를 소모시켜 삶에 귀속시킴으로써 삶에 대해 새로운 증서를 주는 것이다.

성적 충동이 삶을 단호하고 아주 강하게 긍정하는 것임을 우리는 자연인과 동물의 경우에서 확인할 수 있는데, 그들에게 자기보존은 '삶의 최종목적'이고 '최고목표'이다§60, 451; 546. 자연의 내적 본질은 삶에의 의지이고, 그것은 성적 충동에서 가장 강력하게 나타나므로, 개체의 파멸은 아랑곳하지 않고 종족의 보존에만 몰두한다. 그래서 헤시오도스와 파르메니데스, 그리고 피타고라스의 스승 페레키데스는 사물의 창조 원리를 에로스라고 했던 것이다§60, 452; 546. 쇼펜하우어는 인도인이 말한 가상세계 '마야'도 사실은 애욕amor에 지나지 않은 것으로 보았다§60, 452; 547. 성기Genitalien는 의지에만 따르고 인식과는 상관이 없다. 따라서 그것은 표상으로서의 세계를 대표하는 뇌수에 대립하는 극이다. 그리스인이

‘남근상Phallus’으로, 인도인이 ‘링가Linga’로 숭배한 성기는 삶을 유지하고, 시간에 무한한 삶을 보증하는 원리로서, ‘의지의 긍정의 상징’이다§60, 453; 547. 그 반대로 인식은 ‘의욕의 폐기’, ‘자유를 통한 구원’, ‘세계의 극복과 절멸’을 가능하게 한다. 죽음은 이미 삶 속에 포함된 것이다§60, 453; 548. 그러나 생식은 개체의 죽음에도 불구하고 삶에의 의지에 언제나 확실하게 삶을 확실히 보증한다.

4. 원초적 불화와 국가, 그리고 영원한 정의 §§61–64

의지의 객관화의 모든 단계인 전 자연 속에는 필연적으로 모든 개체 사이의 부단한 투쟁이 있고, 그로 인한 삶에의 의지 자신에 대한 내적 투쟁이 있다§61, 454; 549. 이러한 투쟁의 출발점은 바로 이기심, 이기주의Egoismus이다. 동질적인 것의 다원성은 개별화의 원리인 시간과 공간 안에서만 가능하다. 의지는 시간과 공간 안에서 개체들의 다원성으로 드러나며, 그것이 곧 의지의 현상들이다. 그러므로 모든 개체는 세계를 그 자신의 표상으로서 바라보는 주관의 담당자이다§61,

454; 550. 그리고 이러한 사실에서 무한한 세계에서 무와 같이 전적으로 보잘것없는 존재인 개체는 자신을 '세계의 중심점'으로 삼고, '바다의 물 한 방울'에 불과한 자신을 좀 더 유지하기 위하여 세계까지도 멸망시키려고 하는 이기심을 숨기지 않고 있다. 그들은 다른 사람의 죽음은 대수롭게 여기지 않으면서 자신의 죽음은 '세계의 종말'로 간주한다§61, 455; 551. 이와 같은 모든 인간의 이기심을 홉스는 그의 『정치론』 제1장에서 '만인에 대한 만인의 투쟁das bellum omnium contra omnes, der Krieg aller gegen alle'이라고 매우 적절하게 표현하고 있다§61, 456; 551. 이로 인하여 어떤 사람들은 자신의 행복을 조금 보태기 위하여 다른 사람의 행복과 삶 전체를 파괴하기도 한다. 이러한 극단적인 이기심은 본래적인 악의Bosheit의 현상들로서 고통의 주된 원천이다§61, 456; 552. 고대 그리스인은 바로 모든 삶에 필연적으로 나타나는 개체들의 '불화'와 '다툼'을 '에리스Eris' 여신이 관장한다고 믿었다.

삶에의 의지의 긍정은 가장 먼저 자신의 신체를 긍정하는 것으로 나타나는데, 성욕의 충족도 이에 해당한다. 따라서 성욕의 충동을 자발적으로 억제하거나 단념하는 것은 자기 부정 또는 자기 폐기이다§62, 457; 553. 이와 같은 신체의 부정은 '삶에의 의지의 부정'이며, 고통을 수반하는 '자기 극기', 즉 '자기 자신의 현상에 대한 의지의 모순'이다.

그와 반대로 의지가 이기심을 앞세워 '신체의 자기 긍정'을 드러낼 경우, 그것은 '다른 개체의 동일한 의지의 부정'을 초래하게 된다. 자신의 신체를 넘어서 타자의 의지를 부정하는 것은 결국 다른 신체의 영역을 침범하여 자신의 의지를 긍정하는 것이기에 '부당Unrecht'한 것으로 여겨져 왔다§62, 458; 554. 예를 들면, '식인 풍습Kannibalismus', '살인Mord', '재산Eigentum'은 부당한 것이다§62, 458; 553. 이로부터 부당하게 당하는 자의 고통뿐만 아니라 부당한 일을 행하는 자의 자신과의 싸움, 즉 '양심의 가책Gewissensbiß'이 동시에 생겨난다.

재산, 즉 소유물은 부당성이 없이는 결코 쟁취할 수 없다§62, 459; 555. 인간은 자신의 신체가 아닌 무생물과 타자의 긍정의 영역을 침해하여 자신의 힘으로 일구어냄으로써 자신의 것으로 삼는다. 전통적으로 도덕적인 소유권은 경작에 근거한다§62, 459; 556. "영양羚羊이 그것에게 치명적인 상처를 입힌 사냥꾼의 소유가 되듯이, 옛 시절을 알고 있는 현자들은 경작된 땅이 나무를 베고, 땅을 고르고 씨를 뿌린 사람들의 소유물이라고 설명한다"_{마누법전 9,44}. 칸트는 소유에 대한 법적 근거가 어떤 물건을 남이 사용하지 못하게 자신의 의지를 단순히 선언하는 것만으로 생긴다고 보지만, 쇼펜하우어는 그러한 선언을 존중하지 않는다고 해서 도덕적으로 부당하다고 볼 수는 없다고 생각했다_{§62, 460; 556}. 따라서 쇼펜하우어는 재산을 합법적으로 취득_{Besitzergreifung}하는 것은 가능하지 않고, 오직 자신의 고유한 힘을 특정한 사물에 사용하여 합법적으로 선점_{Aneignung}하거나 소유물로 점유_{Besitzerwerbung}할 뿐이라고 보았다. 그러므로 최초로 그 자신만의 노력으로 개간하고 개척한다고 하더라도, 그 자신은 이미 자연상태를 침범하여 타자가 이루어놓은 성과를 훼손하지 않을 수 없게 된다. 여기에서 중요한 것은 타자의 신체나 영역을 범했을 때, 자신의 의지를 긍정하기 위하여 타자의 의지를 부정하는 것이 아니라, 그 사람 또는 그것 자체의 의지에 도움이 되게 하는 것이다_{§62, 460; 557}. 그러므로 그것이 파괴당하지 않도록 가공하고 안전하게 지켜주지 않으면서 '독점권_{Alleinbesitz}'만을 선언하는 것은 부당하다. 이것이 가능하기 위해서는 협약으로 규제되는 공동체인 국가가 전제되어야 하고, 여기에서 도덕적으로 근거를 가진 소유권만이 소유자가 그 자신의 신체에 행할 수 있는 것과 같은 권한을 부여받게 되는 것이다§62, 461; 558. 또한 부당한 일은 '폭력Gewalt'과 '술수List'를 통하여 일어난다. 전자는 물리적 인과성을 통하여 강요하고, 후자는 '그럴듯한 동기Scheinmotiv'로 위조하거나 '거짓말Lüge'을 내세운다§62, 461; 559. '계약 파기der gebrochene Vertrag', 사기, 기만, 간계, 불성실, 배반과 같은 부당한 행위들은 한 개인의 삶에서 자신의 의지 긍정을 확대할 목적으로 다른 사람의 신체에서 나타나는 의지를 부정하기 위한 수단들이다§62, 462.; 560.

쇼펜하우어는 '부당성'의 개념을 근원적, 적극적인 개념으로 접근하고, 그 반대로 '정당성'의 개념에 대해서는 파생적, 소극적인 것으로 이해하였다§62, 463; 561. 부당성이 없다면 정당성도 없기 때문이다. 따라서 정당성이란 언제나 부당성의 부정을 뜻한다. "자신의 의지를 보다 강하게 긍정하기 위하여 남의 의지를 부정하지 않는 행위는 모두 정당성에 속한다." 또는 "어떤 행위가 남의 의지 긍정의 영역을 침범해서 이를 부정하지 않으면, 그 행위는 부당하지 않다"ibid.. 그래서 곤경에 처한 사람에게 도움을 거절하거나, 굶어 죽는 사람들을 방관하는 것은 비록 악마적이지만 부당하다고 말할 수 없다는 것이다. 물론 쇼펜하우어는 이 정도의 심성을 가진 사람들은 언제든지 부당한 일을 할 수도 있다고 지적한다.

그렇다면 '부당성의 부정'으로서의 '정당성' 개념은 어떻게 생겨나는가? 쇼펜하우어가 제시한 첫 번째 경우는 '폭력으로 시도된 부당한 일을 물리치는 것'이다§62, 464; 562. 대항 폭력도 단순하게 그 자체만으로 보면 부당성일 수 있으나, 부당한 폭력에 대한 부정의 부정으로서 자신의 신체에 나타난 의지의 긍정이라는 동기를 고려할 경우에 정당화할 수 있다. 쇼펜하우어는 다른 사람에게 폭력을 사용할 수 있는 완전한 권리인 '강제권Zwangsrecht'을 갖는 경우, 필요하다면 다른 사람의 폭력에 맞서 술수를 사용하더라도 부당한 것이 아니라고 주장한다§62, 465; 563. 따라서 강제권에 이어서 '거짓말을 할 실질적인 권리'도 갖게 된다는 것이다. 이 점에서 쇼펜하우어의 윤리설은 어떤 경우에도 거짓말을 해서는 안 된다는 칸트의 윤리설과 차별화된다. 게슈타포가 와서 숨겨놓은 유대인이 없는가라고 물었을 때, 칸트의 경우에는 거짓말 자체를 도덕적으로 정당화하지 않는다. 그러나 쇼펜하우어는 "길에서 강도를 만나 몸을 샅샅이 수색당한 사람이 가진 게 아무것도 없다고 거짓말을 하더라도 그의 행동은 전적으로 옳다"고 주장한다ibid.. "밤에 침입한 강도를 거짓말로 지하실에 유인해서 감금해버려도 옳은 것이다." 부당한 폭력의 위협에 처한 사람은 공공연한 폭력뿐만 아니라 간계를 써서 그들을 죽일 권리까지 있으며, 신체적인 폭력 앞에서 행한 약속은 지키지 않아도 좋은 것이다.

부당성과 정당성은 인간의 도덕적인 행위 그 자체의 내적 의미와 관련하여 타당성을 얻게 하는 규정이다§62, 466; 564. 부당한 행위에는 내적 고통이 따르는데, 이는 부당한 일을 하는 자가 자기 의지의 지나친 긍정을 위하여 다른 사람의 의지 현상을 부정하는 데서 양심의 가책이 일어나기 때문이다. 양심은 도덕법이 없는 자연 상태에서도 존재하는 '개인적 의지의 자기인식'으로서 법을 대신하여 폭력을 막을 수 있는 장치이다§62, 466; 565. 더 나아가서 쇼펜하우어는 순수한 법률론 역시 도덕의 문제이고, 고뇌가 아닌 행위에만 직접 관련이 있다고 보았다§62, 468; 566. 도덕은 의지의 표출인 행위만을 고찰하기 때문이다. 도덕과 법률의 차이는 오직 전자가 정당한 행위와 부당한 행위에 관계하여 부당한 행위를 하지 않으려는 사람에게 그 행동의 한계를 제시하는 반면에, 국가론 또는 입법론은 전적으로 부당한 일을 당하는 사람에게만 관계한다§62, 470; 568. 특히 형법은 가능하다고 예상하는 모든 범죄행위에 대한 반대동기의 가능한 완전한 색인이다§62, 471; 569. 침해해서는 안 되는 권리에 관한 학문으로서 법률은 '뒤를 돌아다보는 도덕', 즉 도덕의 소극적인 형태이다§62, 471; 570. 이 점에서 쇼펜하우어는 칸트와 의견을 달리하는데, 칸트가 국가를 도덕성 증진을 위한 하나의 시설로 간주하여 국가의 건립을 도덕적 의무로 연역하는 것과는 달리, 쇼펜하우어는 국가가 '만인 공동의 이기심'에 봉사하기 위해 존재한다고 보았다§62, 472; 571. 따라서 국가는 이기심에 반하는 것이 아니고, 국가가 지향하는 개인들의 안녕을 목적으로 하며, 그 집단의 안녕을 저해하는 이기심의 해로운 결과에 대해서만 반대하는 것이다. 이 점에서 국가의 목적이 '사람들을 잘살게 하는 것', 다시 말하면 국민들이 행복하고 멋지게 살게 하는 데 있다는 아리스토텔레스의 주장은 타당하며, 그것은 키케로와 홉스의 국가 기원론과도 일치한다는 것이 쇼펜하우어의 생각이다. 그리하여 국가가 지지하는 순수한 법률론은 부당성과 정당성 개념의 본래적인 의미와 기원 및 도덕에서의 그 적용을 설명하고, 소유권 및 국가 계약의 도덕적 토대인 개인의 도덕적 타당성을 연역하며, 국가의 발생과 목적, 그리고 그것의 도덕과의 관계를 설명하고, 도덕적인 법률론을 입법에 합목적적으로 전환하고, 형법을 연역해야 한다§62, 474; 573. 쇼펜하우어는 국가 밖에서는 완전한 소유권이 존재하지 않는다는 칸트의 주장을 반박한다. 자연상태에도 완전한 자연적인, 즉 도덕적 권리를 소유하는 것이 가능하며, 그것을 침해하는 것은 부당하지만, 그것을 강력하게 옹호하는 것은 부당한 일이 되지 않는다§62, 475; 574. 그러나 국가 밖에는 형벌권이 존재하지 않는다는 것은 분명하다. 국민이 승인한 실정법을 위반할 경우는 처벌받아야 하는데, 처벌의 목적은 계약으로서의 법률을 이행하여 남의 권리를 침해하지 못하도록 위협하는 데 있다. 따라서 처벌은 미래를 위한 것이지 과거를 위한 것이 아니다.

따라서 미래에 대한 고려 없이 부당한 일을 행한 자에게 고
통을 가하여 앙갚음을 하려는 모든 행위는 복수에 불과하
다. 이 점에서 쇼펜하우어는 처벌을 '보복에 대한 단순한 보
복'이라고 규정한 칸트의 주장은 잘못되었다고 비판한다§62,
476; 575. 보복권은 오직 하느님에게만 속한 것이다신명기 32,35.
또한 그는 "인간을 언제나 목적으로만 대하고 결코 수단으
로 다루어서는 안 된다"는 칸트의 정언명령 역시 오직 "간접
적으로만 그 의도를 달성하는 극히 모호하고 막연한 발언"
이라고 비판한다§62, 477; 576. 오히려 그 반대로 법률에 의해 사
형 판결을 받은 살인자(그의 생명과 인격)는 공공 안보의 회복
을 위한 수단이 되어야 한다는 것이다. 쇼펜하우어는 자신
의 처벌론이 플라톤, 세네카, 푸펜도르프, 홉스, 포이어바흐
의 주장과 일치한다고 주장한다§62, 477; 577. 그러나 모두의 안
녕을 지키려는 국가의 노력에도 불구하고 개인들 간의 불화
는 결코 사라지지 않는다. 설사 국가가 개인들의 다툼을 추
방하더라도 그들의 불화는 외부를 향하여 민족들의 전쟁으
로 치닫게 되어 엄청난 재앙을 초래하기 때문이다§62, 478; 578.

국가의 '일시적인 정의zeitliche Gerechtigkeit'는 보복 또는 처벌의

성격을 가지고 있으며, 그것은 오직 미래를 고려할 때만 정의롭게 된다§63, 479; 579. 보복은 결코 영원한 정의가 될 수 없다. 삶에 대한 의지의 현상이자 객관화는 그 부분과 형태들이 매우 다양하게 나타나는 세계이다§63, 480; 580. 의지는 모든 사물 속에서 그 스스로를 드러낸다. 세계 속의 모든 유한성과 고통은 의지가 의욕한 바를 그대로 표현하고 있다. 의지가 존재하는 대로 세계도 존재한다. 세계는 의지를 비치는 거울일 뿐이다. 세계 속에 있는 인간의 운명은 결핍, 비참, 비애, 고통, 죽음이다§63, 481; 581. 세계의 모든 비애와 세계의 모든 죄는 균형을 이루므로, 이 점에서 세계 자체는 세계 심판이다. 그러나 개인 그 자체에 주어진 인식은 '의지 그 자체'를 '삶에 대한 유일한 의지의 객관성'으로 분명하게 드러내는 것이 아니라, 마치 '마야의 베일'처럼 시선을 흐리게 하여, 물자체가 아닌 시간과 공간이라는 개별화의 원리, 즉 근거율의 형태로 나타난 현상에 불과하다. 육욕과 고통, 악과 화, 사치와 쾌락 역시 삶에 대한 의지 현상의 다른 측면에 지나지 않으며, 마야의 베일에 의하여 속고 있는 것들이다§63, 482; 581. 이러한 시선에는 영원한 정의가 보이지 않는다.

그러한 시선에는 온갖 악행과 잔인한 행동을 저지르고도 즐겁게 살아가고, 억압받는 자가 고통에 가득 찬 삶을 이어가도 복수자가 나타나지 않는다§63, 483; 583. 그러나 개별적인 사물에 한정된 인식을 넘어서서 이념을 인식하고, 개별화의 원리를 통찰하여 물자체에는 현상의 형식들이 맞지 않다는 것을 깨달은 사람만이 영원한 정의를 파악할 수 있다§63, 483; 584. 고통을 가하는 사람과 고통을 당하는 사람의 차이는 현상에 불과하다. 괴롭히는 자와 괴롭힘을 당하는 자도 결국 같은 것이다. 영원한 정의를 인식하려면 개체성과 그 가능성의 원리를 완전히 넘어서야 한다§63, 485; 585. 우파니샤드가 말하는 근본 진리는 "이것은 너다tat twam asi"라는 것이다『우프네크하트』 제1권, 60ff.; §63, 485; 586. 칸트는 인간의 마음으로는 도달할 수 없는 이 위대한 진리에 신화의 옷을 입혀서 '실천이성의 요청ein Postulat der praktischen Vernunft'이라고 불렀다§63, 486; 587. '윤회의 신화Mythos von der Seelenwanderung'는 "삶에서 다른 존재에게 준 모든 고통은 바로 이 세상의 다음 생에서 똑같은 고통에 의해 죗값을 치러야 한다"고 가르친다. 그래서 인도의 현자는 "너는 다시는 현상으로 나타나는 존재로 태어나지 않을 것이다"「챤도기아-우파니샤드」 8,15; §63, 486; 588. 불교도는 "너는 생로병사라는 네 가지가 없는 상태, 즉 열반Nirwana 에 들어간다"고 표현했다. 쇼펜하우어는 피타고라스와 플라톤도 이 신화적 서술을 인도인과 이집트인으로부터 전해 듣고 경탄을 금치 못했다고 강조한다.

'영원한 정의'의 신화적 서술이 아닌 철학적 서술로부터 쇼펜하우어는 이제 '행위와 양심의 윤리적 중요성'으로 나아가고자 한다§64, 487; 589. 그는 먼저 '인간 본성의 두 가지 특징'에 주목한다. 그 첫 번째는 '보복' 또는 '복수'에 관한 것이다. 사람들은 어떤 악행에 대하여 복수심에 찬 피해자뿐만 아니라 그 일과 무관한 사람들조차도 같은 정도의 고통을 당해야 만족하는 경향이 있다. 그런데 이처럼 현상적으로 영원한 정의인 것처럼 보이는 즉각적인 보복 감정을 매우 쉽게 왜곡할 수 있다§64, 488; 590. 가해자와 피해자, 그리고 죄와 고통을 당하는 자가 동일한 존재인지를 구분하지 못하는 등, 자기 자신의 현상 속에서 자신을 알아보지 못하기 때문이다. 사람들은 수백만의 사람들에게 이루 말할 수 없는 고통을 안기는 '세계의 정복자'가 같은 정도의 고통을 치르기를 요구할 것이다. 그러나 기독교 윤리는 영원한 정의가 현상이 아닌 물자체의 영역을 지배한다는 것을 보여준다. "사랑하는 여러분, 스스로 복수할 생각을 하지 말고 하느님의 진노에 맡기십시오. 성경에서도 '복수는 내가 할 일, 내가 보복하리라' 하고 주님께서 말씀하십니다"로마 12,19; §64, 489; 590.

다른 하나는 '처벌'에 관한 것이다. 사람들은 때로 자신이 겪은 너무나 부당한 일에 대하여 악인을 보복하기 위하여 자신의 목숨을 거는 경우도 있다§64, 489; 591. 스페인의 독립전쟁(1808-1814) 때, 한 스페인의 주교가 프랑스 장군들을 식사에 초대하여 독살한 후 자신도 함께 죽었던 것처럼, 자신의 목숨을 희생하면서까지 악인을 찾아서 죽이려는 것은 단순한 보복이 아니고, 미래에 출현할 수 있는 악행에 경각심을 주려는 처벌의 성격을 갖는다§64, 489; 591. 이 경우에 그 사람의 삶에의 의지는 비록 영원한 정의의 참된 본질을 잘못 이해하고 있지만, 정의를 위하여 '인간의 이념'을 중시함으로써 스스로를 희생하는 숭고한 특성을 보여준다§64, 490; 592.

5. 선과 악, 그리고 타자에 대한 동정과 자비 §§65–67

철학에서 '선과 악gut und böse'은 분석할 수 없는 개념으로 여겨졌지만, 쇼펜하우어는 그 본래적인 의미를 드러내고자 한다§65, 490; 593. 그는 근거율에 관한 논문 제5장 29절에서 '참' 또는 '진wahr'의 문제를, 그리고 이 책의 3부에서 '아름다움' 또는 '미schön'의 개념을 다루었는데, 여기서는 '좋음' 또는 '선gut'의 문제를 다루고 있다§65, 491; 594. 이 개념들은 본질적으로 상대적인 것이다. 우리는 의욕하는 그대로 되어 있는 모든 것을 '좋다'고 말한다. 따라서 어떤 사람에게 좋은 것이 다른 사람에게는 그 반대일 수도 있다. 선의 개념은 두 가지, 즉 '직접적으로 현재적인 모든 의지의 충족'으로서 '쾌적한 것das Angenehme', 그리고 '간접적으로만, 미래를 지향하는 모든 의지의 충족'으로서 '유용한 것das Nützliche'으로 구분할 수 있다§65, 492; 594. 이에 대한 반대 개념은 '나쁘다schlecht'와 '화禍, übel'이다. 사람들의 경우에도 의욕하는 목적에 유리하고 유익하며, 친근하고 호의적이며, 자선을 베푸는 경우에 좋은(선한) 사람으로, 그 반대를 '악한' 사람이라고 부른다. '악하다κακός, malus, cattivo, bad'는 말은 특정한 개체의 의지의 목적에 반하는 무생물과 인간 모두에게 똑같이 적용된다§65, 492; 595.

더 나아가서 쇼펜하우어는 모순율과 근거율을 통하여 행복과 덕의 동일성이나 또는 행복을 덕의 결과로 생각하는 철학적 주장이나 신앙이론은 궤변적이라고 비판한다§65, 493; 595. 이와는 반대로 그는 덕의 내적 본질은 행복, 즉 '복지Wohlsein'와 '삶Leben'을 얻으려는 것과는 전혀 반대되는 노력이라고 주장한다.

이처럼 선은 본질적으로 상대적이고, 관계에 의해서 유효한 것이다§65, 492; 596. 선의 본질은 오직 욕구하는 의지에 대한 관계 속에만 있기 때문이다. 그러므로 '절대선Absolutes Gut'은 하나의 모순이고, 최고선höchstes Gut, summum bonum 역시 같은 것이다. 이것은 본래 "한 번 충족된 후에 새로운 의욕이 생기지 않는 의지의 궁극적인 충족이며, 그 동기가 성취되면 의지가 완전무결하게 만족하는 궁극적인 동기"이다ibid.. 그러나 쇼펜하우어는 이러한 최고선의 가능성 자체를 부정한다. '다나오스 딸들의 물통das Faß der Danaiden'과 같은 의지에게는 완전하고도 영원한 충족이란 생각할 수조차 없다. 의지에게 최고선이나 절대선은 존재하지 않으며, 언제나 '일시적인 선ein einstweiliges Gut'만 있을 뿐이다§65, 494; 597. 굳이 최고선이나 절대선을 생각한다면, 그것은 "세계를 구원해주는 의지의 완전한 자기포기와 부정, 진정한 무의지die gänzliche Selbstaufhebung und Verneinung des Willens, die wahre Willenslosigkeit"가 될 것이다. "모든 재화, 즉 성취한 모든 소망과 달성한 모든 행복"은 완화제, 진통제에 불과하지만, 이 "의지의 부정 혹은 무의지는 병에 대한 유일하고 근본적인 치유책"이다. 따라서 절대선이나 최고선보다는 그리스어의 '목적telos, τέλος'이나 라틴어의 '궁극선finis bonorum'이라는 말이 더 적절할 것이다.

동기가 주어지고 외부의 힘이 저지하지 않을 경우에 언제나 부당한 일을 할 생각이 있는 사람은 악하다§65, 494; 597. 이 사람은 삶에의 의지가 매우 격렬하고, 삶에의 의지가 그 자신의 삶에 대한 긍정을 초과함으로써 극도의 이기심을 나타낸다. 따라서 그는 다른 사람의 복지는 전혀 무관심하고 자신의 안녕만을 추구한다§65, 495; 598. 그런데 이처럼 극심할 정도로 격렬한 의욕 자체는 이미 직접적으로 '고뇌의 부단한 원천eine stete Quelle des Leidens'이다. 두 가지 이유를 생각할 수 있다. 첫째로, 모든 의욕은 그 자체로 결핍, 즉 고뇌에서 생겨나기 때문이다. 둘째로, 대부분의 욕구는 사물들의 인과적인 관계로 인하여 실현되지 않은 채로 있고, 의지 역시 충족보다는 방해 받는 일이 많아서 격렬한 의욕은 그만큼 더 고통을 수반하게 된다. 악인의 얼굴은 이미 내적으로 고뇌하는 모습을 띠고 있다. 남의 고통을 보고 단순한 이기심으로가 아니라 사심 없이 즐거워하는 것은 직접적으로 본질적인 내적 고통에서 비롯한 본래적인 '악의Bosheit'이다. 타인의 고뇌가 더 이상 자신의 목적 달성을 위한 수단이 아니라 목적 그 자체인 경우는 악의에 '잔인성Grausamkeit'까지 더해진 상태일 것이다§65, 496; 599. 인간은 가장 명백한 인식에 비친 의지의 현상이므로, 실제로 자신이 느낀 의지 충족을 예상할 수 있는 가능한 충족과 비교하면서 '질투Neid'가 생겨난다. 남이 즐거움을 누린다고 생각하면 우리의 모든 결핍은 한없이 높아지지만, 그들도 결핍에 시달린다는 것을 알면 누그러진다. 기후가 몰고 오는 것처럼 모두가 공통적으로 겪는 '재앙Übel'은 우리를 그다지 슬프게 하지 않는다. 우리가 겪는 고통보다 더 큰 남의 고통을 보면서 우리의 고통은 잠잠하게 된다. 격렬한 의지 충동으로 이기심의 갈증을 채우려고 하는 충족은 결국 일시적이고 현상적이어서, 그 의지의 충동 자체는 최종적으로 가라앉지 않고 언제나 고통 속에 있을 뿐이다.

그런데 이기심에 나온 단순한 부당성, 순수한 악의, 모든 악한 행동에서 '죄책감Gewissenbiß' 또는 '양심의 가책Gewissens-angst'이 생겨날 수 있다§65, 497; 601. 물론 악인의 마음에는 '마야의 베일'이 짙게 드리워져 있어서 그의 이기심을 부추기고 있다. 그러나 의식의 아주 깊은 곳에는 사물들의 질서는 단지 현상에 불과하고, 삶에 대한 하나의 의지는 그 현상들 중의 하나에서 안녕을 추구하는 방식으로 다른 현상에 매우 큰 고통을 입힌다는 은밀한 예감이 작용하고 있다§65, 498; 602. 그 악인은 이와 같은 전체 의지이고, 따라서 그 스스로 '괴롭히는 자'인 동시에 '괴롭힘을 당하는 자'이기도 한다. 결국 삶에의 의지는 고통을 초래할 뿐이다. 개별화의 원리, 근거율에 적합한 현상의 형식과 윤회를 통하여 이러한 진리가 신화적으로 드러나는데, 그것은 바로 '양심의 가책이라 불리는 절망적인 고통, 즉 악인이 그 자신의 개인적인 삶에의 의지를 긍정하는 강력한 인식을 넘어서서 다른 사람에게 나타나는 삶에의 의지를 완전히 부정한다는 인식의 차이인 것이다. 그는 자신을 "삶에의 의지가 집중하고 있는 현상"이라고 인식하는 동시에 "삶에 본질적인 무수한 고뇌"도 동시에 느낀다§65, 499; 603. 그리하여 모든 과거나 미래가 단지 개념 속에서 존재하듯이, 수백만 년에 걸친 부단한 재탄생도 개념 속에서만 존재할 뿐이다. 개체에게 시간은 언제나 새로운 것이지만, 실현된 시간, 즉 '의지 현상의 형식'과 '삶의 형식'은 현재인 것이다. '죽음'은 밤에 의하여 집어삼켜지는 것 같지만 실제로는 '모든 빛의 원천'인 태양의 출몰과 같은 것이다. 시작과 끝은 개체에만 해당하고, 시간 밖에는 의지, 즉 '칸트의 물자체'와 그 물자체의 적절한 객관성인 '플라톤의 이데아'만 존재할 뿐이다. 이 때문에 쇼펜하우어는 자살로는 결코 구원을 얻지 못한다고 강조한다§65, 500; 603. 자신의 가장 깊은 곳에서 의욕하는 그 자신은 존재하지 않으면 안 되고, 그는 바로 각자가 존재하는 것을 의욕하기 때문이다. 그리하여 자신의 의지와 그 정도에 대한 자기인식은 개체들을 구별하는 표상형식들이 헛된 가상에 불과하다는 것과 양심의 가책을 깨닫게 하는 것이다.

이로부터 악인은 자신이 삶을 긍정할 때 사용하고, 남에게 고통을 가할 때 나타나는 힘으로서, 즉 "세계와 그 고통으로부터 유일하게 구원받을 수 있는 길, 즉 그 의지를 '없애거나 부정하는 것'이 얼마나 어려운가"를 알게 된다§65, 500; 604. 쇼펜하우어는 이제 악의 의미와 그 내적 본질에 대한 해명으로부터 '양심의 가책'을 느끼고, 의지의 '완전한 체념'에 도달한 후에 생기는 '성스러움'이 어떻게 가능한가를 새롭게 해결해야 할 과제로 남기고 있다. 이를 해명하기 위하여 쇼펜하우어는 도덕의 정초가 어떻게 가능한지를 묻고 있다.

근거의 정초가 없는 도덕, 즉 단순한 도덕적 논의는 동기를 부여하지 않으므로 효과를 일으킬 수 없다§66, 501; 605. 동기를 가진 도덕은 자기애Eigenliebe에 대하여 영향을 미침으로써만 효과를 일으킬 수 있다. 그러나 자기애로부터 나온 것은 도덕적 가치가 없다. 따라서 도덕이나 추상적 인식 일반은 진정한 덕을 낳을 수 없으며, 진정한 덕은 자신과 다른 사람 모두가 동일한 본질을 인식하는 직관적 인식에서 나와

야 하는 것이다. 쇼펜하우어는 아리스토텔레스 이래로 모든 미학이 한 명의 시인도 만들지 못한 것처럼, 윤리적인 강연과 설교로 단 한 명의 덕 있는 사람도 배출하기 못했다고 지적한다. 개념은 덕의 본래적이고 내적인 본질에 아무런 도움도 줄 수 없다. 의욕은 배울 수 없는 것이기에 선한 마음에 대한 추상적 교의는 덕에 아무 영향도 미치지 못하기 때문이다. 추상적 인식은 동기를 부여할 수 있다§66, 501; 606. 그러나 동기는 의지의 방향은 바꿀 수 있지만, 의지 자체를 바꿀 수는 없다§66, 502; 606.

교의에 의하여 선행을 하는 경우에 그것이 선행의 동기인가를 판단하기가 어렵듯이, 우리 자신은 물론이고 다른 사람의 행위를 도덕적으로 평가하는 것은 거의 불가능하다§66, 502; 607. 그러나 우리는 자신의 안녕을 증진하기 위하여 남에게 고통을 가하지 않는 것이야말로 '악의 단순한 부정', 즉 '정의'라고 생각할 수 있다§66, 504; 609. 더 나아가서 정의는 파스칼이나 인도인에서처럼 '실제적인 체념' 또는 '삶에의 의지의 부정', '금욕'으로 나타난다§66, 505; 610. 그리하여 성품이 고상한 사람은 현상의 형식인 개별화의 원리를 넘어서

서 남의 고통을 자기 자신의 고통처럼 아주 가깝게 느껴서§
66, 507; 612, 자신의 고통과 남의 고통 사이에 균형을 맞추기 위
하여 자신의 향락을 단념하고 궁핍을 감수하는 것이다. 그
러므로 '좋은 양심'은 이기적인 행위를 하고서 고통을 느끼
는 것, 그리고 이기적이지 않은 행위를 하고서 만족을 느끼
는 데서 찾을 수 있다§66, 508; 614. 쇼펜하우어는 사실 '영원히
자유로운 의지'는 어떤 당위나 법칙도 필요하지 않다고 생
각한다§66, 509; 615. 의지는 모든 현상의 즉자태이지만, 의지
그 자체는 그 모든 현상의 형식, 즉 다원성으로부터 자유롭
기 때문이다. 그가 생각하는 의지는 베다 전통에서의 "그것
은 너다!tat tvam asi!"라는 문구에서 가장 잘 표현되어 있다. 이
진리를 체득한 자는 "모든 덕과 큰 행복을 확신하고 구원으
로 가는 지름길"을 걷고자 한다. 그는 '사랑의 근원과 본질'
뿐만 아니라 '사랑의 결과'인 '구원'에 이르는 길을 알고 있는
데, 그것은 바로 '삶에의 의지, 즉 모든 의욕의 완전한 포기'
를 뜻한다§66, 510; 615. 이로부터 "모든 사랑ἀγάπη, caritas은 동고同
苦, Mitleid이다"라는 명제에 이르게 된다§66, 510; 616. 여기에서 '동
고'의 감정이란 다른 사람들의 고통을 자신의 고통과 같은

것으로 느끼는 예수 그리스도나 보디사트바의 마음이다.

그리하여 최고선과 완전한 의협심을 가진 사람은 다른 사람의 안녕을 위하여 자신의 안녕과 삶을 완전히 희생한다§67, 510; 616. 우리는 보편적 진리를 위하여, 커다란 오류의 근절을 위하여 기꺼이 고통과 죽음을 감내했던 소크라테스, 브루노의 경우에서 이런 사실을 볼 수 있다. 쇼펜하우어는 이런 자신의 주장이 칸트의 의무와 정언명령과는 반대적이라고 생각한다§67, 511; 617. 칸트에서 연민, 즉 동고의 감정은 약점이지 결코 덕이라고 할 수 없다. (그러나 거지에 대한 일시적인 연민의 감정으로 도와준 것이 그 거지로 하여금 영원한 거지로 살게 할 수도 있다는 점을 강조한 사실에서 볼 때, 칸트와 쇼펜하우어의 도덕적인 지향점이 반드시 반대적이라고 단정할 필요는 없을 것이다.) 쇼펜하우어는 모든 참되고 순수한 사랑은 연민과 동고이고, 그렇지 않은 모든 사랑은 사욕이라고 보았다. 동고는 아가페이고 사욕은 에로스이다§67, 511; 618. 이는 스피노자가 호의Wohlwollen를 '동고에서 나오는 욕구'라고 규정한 것이나「윤리학」, 제3부, 정리 27, 3, 이탈리아어에서 '피에타Pieta'가 '동고'와 '순수한 사랑'을 동시에 뜻하는 데서도 알 수 있다§67, 511; 618. 이처럼 남의 고

통을 자신의 고통과 같은 것으로 생각하는 사람들은 기꺼이
자신의 욕구를 부정하고 삶에의 의지를 폐기함으로써 타자
의 고통을 완화하고자 하는 것이다.

6. 삶에의 의지의 부정과 절대적 자유 §§68-71

순수한 사랑은 동고와 같다. 모든 선의, 사랑, 덕, 의협심
은 '삶에의 의지의 부정'이라는 동일한 원천에서 나온다§68,
511; 618. 증오와 악의는 개별화의 원리에 사로잡혀 있는 이기
심의 산물이다. 정의, 사랑, 의협심은 개별화의 원리를 간파
하여 자신과 타인의 구별을 폐기하는 데서 비롯된다. 그로
부터 타인에 대한 비이기적인 사랑과 고결한 자기희생이 가
능하다. 다른 사람의 고통을 자신의 고통과 같이 여기는 것
이 바로 동고이고 연민이다. 이 사람은 타인의 고통에 관심
을 갖고서 그들의 고통을 완전히 해소할 때까지 자신을 희
생하고자 한다. 그는 모든 생물의 무한한 고통은 물론이고
전 세계의 고통까지도 자신의 것으로 여기기 때문이다§68,
514; 622. 그는 세계 전체의 본질이 항상적인 소멸과 헛된 노력

을 통한 내적 투쟁과 지속적인 고통 속에 있다는 것을 알고
서 살아 있는 모든 것의 부단한 고통을 해소할 방도를 숙고
한다§68, 515; 622. 전체, 즉 물자체의 본질에 대한 인식은 '모든
그리고 각각의 의욕의 진정제das Quietiv alles und jedes Wollens'가 된
다. 그리하여 의지는 삶을 외면하고, 의지 자신의 긍정을 인
식하는 삶의 쾌락 앞에서 몸서리치면서, 자발적으로 단념,
체념, 참된 평정, 전적인 무의지의 상태에 이르게 된다. 우
리는 이제 언제나 결정적인 완전한 체념으로 고통의 통로인
욕망의 가시를 꺾으면서 우리 자신을 순수하고 성스럽게 하
고자 원하지만, 현상의 기만에 미혹되어 우리의 의지는 또
다시 현상의 동기를 좇아서 향락의 유혹에서 벗어나지 못
한다§68, 516; 623. 그래서 일찍이 예수는 "부자가 하느님 나라
에 들어가는 것보다 낙타가 바늘구멍으로 빠져나가는 것이
더 쉽다"「마태」 19,24고 말했던 것이다. 그럼에도 불구하고 개별
화의 원리를 간파하고 물자체의 본질과 전체를 인식한 사람
은 그 동기가 자신의 의지의 방향을 바꿈으로써 현상에 비
친 자신의 본질에 더 이상 연연하지 않고 부정하게 된다. 그
는 남을 사랑하는 이른바 '덕에서 금욕으로의 이행Übergang

von der Tugend zur Askesis', 즉 삶에의 의지와 고통에 찬 세계 본질에 대한 혐오를 숨기지 않는다. 여기에서 의지의 현상과 그의 행위 사이에 갈등과 모순이 생겨난다§68, 517; 624. 그의 신체는 생식기를 통하여 성욕을 표현하지만, 그는 성욕을 부정하고 금욕, 또는 '자발적이고 완전한 동정童貞'을 추구한다. 삶의 의지의 부정으로서의 동정은 인류의 사멸로 이어질 수 있다. 쇼펜하우어는 최고의 의지 현상이 사라지면 동물계와 나머지 세계도 저절로 사라질 것이라고 보았다. "이 세상에서 굶주린 아이들이 어머니 주위로 달려들듯이, 모든 존재는 성스러운 희생을 고대한다."[20] 이것은 자연의 구원은 사제이자 희생자인 한 인간에게 기대할 수 있다는 것을 뜻한다. 그래서 안겔루스 질레지우스는 "인간은 모든 것을 신에게 가져간다"라는 시에서 "인간이여! 만물은 그대를 사랑하고, 그대 곁으로 몰려든다. 만물은 그대에게 달려들어, 신께 도달하려고 한다"『케루빔의 나그네』I, 275고 노래했던 것이다§68, 518; 624. 마이스터 에크하르트는 "나는 땅에서 들어 올려지면 모

---

20 『아시아 연구』 제8권, Colebrooke, "베다에 대하여"; 사마 베다에서 발췌; 코울브루크 논문집 제1권 88쪽.

254

든 사람을 나에게 이끌어 들일 것이다"요한 12.32라고 말한 예수 그리스도가 바로 그런 일을 했다고 강조한다§68, 518; 625. 쇼펜하우어는 고통 받는 모든 피조물과 인간 구원의 상관성에 대한 바울의 진술「로마」 8,21-24도 이런 맥락에서 해석해야 한다고 지적하고 있다.

그러므로 성스러움, 자기부정, 자기고집의 근절, 금욕의 내적 본질은 삶에 대한 의지의 부정을 표현하고 있다고 볼 수 있다§68, 520; 628. 이렇게 보면 모든 성자와 금욕자는 의지의 부정을 몸소 실천한 사람들이다. 특히 탁발 수도승의 모범인 아시시의 성 프란체스코는 금욕의 참된 화신이다§68, 522; 630. 이에 준하는 동양의 책은 스펜스 하디의 『동양의 수도생활, 붓다에 의해 창시된 탁발수도회에 관한 기록』이다. 이런 사실에서 세계에서 가장 위대하고 중요한 현상은 세계정복자가 아니라 세계극복자이다§68, 524; 632. 여기에서 후자는 삶의 의지를 포기하고 부정하는 사람의 삶의 방식을 보여준다. 특히 기독교 윤리는 가장 숭고한 박애뿐만 아니라 체념의 측면도 강조하고 있는데, 사도들은 이웃에 대한 사랑, 자선, 증오를 사랑과 선행으로 갚는 일, 인내, 온화,

가능한 모든 모욕에 저항하지 않고 인내하는 것, 향락, 음식, 성욕에 대한 절제에 이르는 금욕, 즉 의지의 부정을 가르치고 있다§68, 525; 633. 복음서에서 의지의 부정은 결정적으로 '자기 자신을 부정하고 십자가를 진다는 것'을 의미하며 「마태」 16,24-5, 「마르」 8,34-35, 「루카」 9,23-24, 14,26-27,33, 그 경향성이 속죄자, 은둔자, 수도생활의 기원이 되었다. 이러한 생각은 루터를 매료시켰던 마이스터 에크하르트의 『독일신학』, 타울러의 『그리스도의 가엾은 삶의 추적』과 『마음의 한가운데 혹은 모든 덕의 완전성에 대하여』에서 더 발전되었다§68, 526; 634. 따라서 신약성서가 '첫 번째 신비 축성(작은 신비)'이라면 독일신비주의는 '두 번째 신비 축성(커다란 신비)'이라고 할 수 있을 것이다.

삶에의 의지의 부정은 기독교 교회와 서방세계보다는 산스크리트어로 작성한 고대 인도의 문헌에서 더욱 발전적이고 활발한 표현들을 찾을 수 있다§68, 526; 635. 고대 인도인들은 모든 자기애를 완전히 부정하여 '이웃에 대한 사랑', '모든 악을 선과 사랑으로 갚기', '육식의 금지', '육욕의 단념과 완전한 동정', '모든 소유물과 거주지와 식솔을 떠나기', '침묵

수행', '의지의 완전한 소멸', '자진하여 굶어죽거나 악어에
게 먹혀 죽는 것', '히말라야 산속의 성스러운 바위 꼭대기에
서 뛰어내려 죽거나 생매장되는 것', '무희들이 노래하고 환
호하며 춤추는 가운데 신상을 싣고 돌아다니는 거대한 수레
바퀴 아래 몸을 던져 죽는 것'을 마다하지 않았다§68, 528; 636.
쇼펜하우어는 기독교와 인도의 수행자들의 전기 속에서 이
처럼 놀라운 일치점을 발견했다§68, 528; 637. 세속적인 만족을
줄 수 있는 모든 것을 포기하고 완전한 가난을 추구해야 한
다는 타울러의 가르침은 완전한 소멸을 말한 붓다의 생각과
일치한다. 기독교 신비주의자들과 베단타철학의 스승들은
완전한 경지에 도달하면 모든 외적 작업이나 종교적인 수행
이 불필요하다고 말한 점에서도 일치한다. 그리하여 삶에의
의지를 부정하는 사람들은 밖에서 보기에는 결핍 그 자체일
지라도 '내적 즐거움과 천국 같은 참된 마음의 평정'을 누리
고 있는 것이다§68, 528; 638. 의지 부정의 귀결은 '흔들림이 없
는 평온함', '깊은 평정', '내면적인 명랑함' 그 자체인 것이다.
그런데 이처럼 개별화의 원리를 간파하여 가장 완전한 선한
마음씨와 보편적인 박애를 낳고, 의지의 부정을 위하여 세

상의 모든 고통을 자신의 고통으로 인식하게 하는 것은 극소수의 사람들에게만 나타나는 현상이다. 대다수의 사람들은 감언, 희망, 쾌락 등과 같은 의지 부정의 부단한 장애 요소들로 인하여 '의지의 새로운 긍정에 대한 끊임없는 유혹'을 떨치지 못한다§68, 533; 642.

삶에의 의지의 부정은 '완전한 체념' 혹은 '성스러움'으로 표현할 수 있는데, 이것은 의지가 본질적으로 헛되다는 '의지의 진정제'에서 비롯하는 현상이다. 그러므로 쇼펜하우어에서 '참된 행복', 즉 '삶과 고통으로부터의 구원'은 의지의 완전한 부정 없이는 생각할 수 없다. "삶에의 의지에는 삶이 언제나 확실하고, 삶의 유일한 현실적인 형식은 현재이며, 출생과 죽음도 현상 속에서 지배하는 것처럼, 아무도 이 현재에서 빠져나갈 수 없다"§68, 539; 650. 그러나 이 모든 현재 상태는 '개별화의 원리가 규정한 현상', 즉 '마야의 환영Blendwerk der Maja'에 지나지 않는다§68, 540; 651. 그러나 참되고 순수한 모든 사랑과 자유로운 정의는 개별화의 원리를 분명하게 간파함으로써 '완전한 체념의 상태', 즉 '흔들림 없는 평화와 죽음에서 맛보는 최고의 희열'이라는 '완전한 행복과 구원'을 얻게 되는 것이다§68, 540; 651.

　쇼펜하우어에서 삶에의 의지의 부정은 '현상으로 나타나는 의지의 자유의 유일한 행위'이다§69, 541; 651. 그런데 자살은 삶에의 의지 부정과는 전혀 다른 행위이다§69, 541; 652. 자살은 의지를 부정하는 행위가 아니라, 오히려 '의지를 강력하게 긍정하는 현상'이기 때문이다. 부정의 본질은 삶의 고통이 아닌 삶의 향락의 혐오에 있다. 자살자는 삶을 원하지만, 단지 그가 처한 삶의 조건에 만족하지 못해서 그런 선택을 한 것이다. 결국 그는 삶에의 의지를 포기한 것이 아니라 개별적인 현상인 그 자신의 삶만을 포기했던 것이다. 그러나 실제로 그는 삶을 원했고, 신체의 생존과 긍정을 원했던 것이다. 이처럼 자살에도 삶에의 의지는 그대로 살아 있는 것이다. 힌두교에서의 삼신일체Trimurti, 즉 최고 신격을 가진 브라마Brahma, 비슈누Wischnu, 시바Schiwa의 본질 작용에서 볼 때, 삶에의 의지는 파괴신 시바가 상징하는 '자살', 수호신 비슈누가 상징하는 '자기보존의 쾌감', 그리고 창조신 브라마가 상징하는 '생식의 쾌락'으로 나타난다. 이것이 곧 힌두교에서 세 가지 신이 하나의 일체를 이룬다는 삼신일체Einheit des

Trimurtis 사상이다.

이렇게 보면 자살하는 사람은 종을 부정하는 것이 아니라 단지 개체만을 부정한 셈이다§69, 542; 653. 그러므로 자살은 물자체에 대해서는 아무런 지장도 줄 수 없는, 따라서 전적으로 무익하고 어리석은 행위이다. 하지만 자살은 삶에의 의지의 자기모순을 가장 극명하게 보여주는, 이른바 '마야의 걸작'이다. 자살자는 의욕하는 것을 멈출 수 없어서 사는 것을 멈추었던 것이다. 그는 마치 자신을 완전히 낫게 해줄 수 있는 고통스런 수술이 시작된 후 끝까지 참지 못하고 오히려 병에 걸린 상태로 있으려고 하는 환자와 같다§69, 542; 653. 자살은 삶에의 의지를 부정한 것이 아니라는 것이다.

그렇다면 쇼펜하우어에서 '의지의 부정'은 어떻게 가능한가? 그에 의하면 인간의 동기와 성격은 근거율에 따르는 필연적인 현상으로서 한갓 기회 원인에 불과하다. 따라서 쇼펜하우어는 근거율에 의한 자연법칙의 필연성으로부터 '아무런 영향도 받지 않는 자유로운 의지결정liberum arbitrium indifferentiae'으로서의 '자유' 개념을 부정한다§70, 546; 658. 모든 현상의 본질적인 형식인 근거율로부터의 독립은 오직 물자체로서의 의지에서만 가능한 것으로 생각할 수 있을 뿐이고, 현상에서는 전혀 생각할 수 없는 부분이다. 그런데 쇼펜하우어는 그러한 자유가 현상에서 직접적으로 나타날 수 있는 오직 유일한 경우가 있는데, 그것은 바로 "그 자유가 나타나는 현상을 끝나게 할 때"라고 말한다. 예를 들면 성욕의 가시적 현상인 생식기가 온전하게 있더라도, 마음 깊은 곳에서 성욕의 충족을 의욕하지 않을 경우를 생각할 수 있다§70, 547; 658. 이는 삶에의 의지의 가시적인 표현인 신체와는 관계 없이 그런 의지에 해당하는 동기들이 더 이상 작용하지 않음으로써, 의지는 신체의 해체와 개체의 종말, 그리고 의지 자신의 최대한 억제가 바람직하다고 생각할 수 있다.

엄밀한 의미에서 이러한 주장은 모순이다. 생명을 가진 신체는 현상만을 포함하는 시간 속에 존재하므로, 그런 현상을 통해서 나타나는 의지가 그다음 현상이 나타나는 것을 부정한다고 주장하는 것은 자가당착이다. 특히 이 주장은 아무런 필연성도 알지 못하는 자유가 의지 현상의 필연성을 직접 간섭한다는 데서 실질적인 모순에 직면하게 된다§70, 547; 659. 사실 여기에서 쇼펜하우어는 두 가지 사실을 동시에 주장하고 있는데, 그 하나는 성격과 동기가 의지를 필연적으로 규정한다는 사실이고, 다른 하나는 동기를 무력하게 하기 위하여 의지를 완전히 폐기해야 한다는 것이다. 이러한 두 주장 사이의 모순의 일치는 오직 근거율 또는 개별화의 원리를 간파하여 물자체의 본질인 이념들이 모든 것 속에서 동일한 의지로 있다는 사실을 직접 인식함으로써 가능하게 된다. 이러한 새로운 그리고 특별한 인식이야말로 '의지의 일반적인 진정제'가 될 수 있다. 이 새로운 인식은 성격을 부분적으로 변화시키는 것이 아니라 의지의 현상, 성격 자체, 즉 그 전체를 총체적으로 변화 또는 폐기할 수 있으며, 바로 그 때문에 모든 개별적인 동기들은 일시에 힘을 잃게 되는 것이다. 그것은 아스무스Asmus로 잘 알려진 독일의 시인 클라우디우스가 '보편적이고 선험적인 변화katholische, transzendentale Veränderung'라고 말한 것이고, 기독교에서 말하는 '거듭남Wiedergeburt'이나 '은총의 작용Gnadenwirkung'과도 동일한 것이다§70, 548; 659. 이와 함께 기독교의 신비주의자 말브랑슈가 '자유란 하나의 신비'라고 말했을 때도, 쇼펜하우어는 자신이 생각하는 의지의 자유를 가장 직접적으로 표현하고 있다고 생각했다§70, 548; 660. 또한 그는 말브랑슈가 『형이상학과 종교에 대한 대화Entretiens sur la métaphysique et la religion, Dialogues on Metaphysics and Religion』4, 16에서 '자연적 예지prémotion physique'를 언급하면서 '정신과 물질의 대립'을 '신비'로 지칭하고, 『진리의 탐구De la recherche de la vérité, Search after Truth』3, 1에서도 '자유와 신적 예지의 일치를 신비'라고 규정한 사실을 예시했다§70, 548 Anm..

그러므로 쇼펜하우어에 의하면 "의지의 자유는 의지가 그 본질 자체의 인식에 도달하여 거기에서 진정제를 얻음으로써 인식 방법의 객관이 현상에 불과한 다른 인식 방법의 영역에 존재하는 동기들의 작용에서 벗어날 때 비로소 나타나는 것이다"§70, 548; 660. 따라서 자유의 가능성 조건은 현상, 현재의 인상과는 무관하게 삶 전체를 조망하게 하는 '이성의 예지Besonnenheit der Vernunft'이다. 이것이 바로 인간과 동물의 근본적인 차이를 드러낸다. "필연성은 자연의 영역이고, 자유는 은총의 영역이다Notwendigkeit ist das Reich der Natur; Freiheit ist das Reich der Gnade"§70, 549; 660. 그런데 이와 같은 의지의 폐기는 특별한 인식에서 시작하지만, 갑자기 밖에서 날아온 것처럼 불시에 일어나기 때문에 교회는 그것을 '은총의 작용'이라고 했던 것이다§70, 549; 661. 그 결과 인간의 본질 전체가 근본적으로 변화하여 그토록 강렬히 의욕하던 모든 것을 떨쳐 버리고 '낡은 인간' 대신에 '새로운 인간'으로 거듭난 생활을 하게 되는 것이다. 그러므로 교회가 '선을 행할 아무런 능력이 없다고 보는 자연스런 인간'이 바로 쇼펜하우어가 구원에 도달하기 위해서 부정해야 한다고 말하는 '삶에의 의지'인 것이다.

기독교의 신앙론은 근거율에 따라서 개인이 아닌 '인간의 이념die Idee des Menschen'을 그 통일성에서 고찰하면서 '자연Natur', 즉 '삶에의 의지의 긍정Bejahung des Willens zum Leben'을 아담im Adam으로 상징하고 있다§70, 549; 661. '아담에게서 물려받은 죄', '시간 속에서 생식의 끈을 통하여 나타나는 이념' 속에서 우리와 그는 하나이며, 따라서 우리 모두는 '고통과 영원한 죽음' 속에 있다§70, 550; 661. 그와 반대로 교회는 '은총', '의지의 부정', '구원'을 '인간이 된 신'으로 상징한다. 그렇다면 신은 인간과 동일한 존재인가? 쇼펜하우어는 먼저, 예수는 신이었고 신으로 와서 신으로 죽었다고 주장하여 그리

스도의 인성을 부정하는 가현설假現說, Docetism 의 입장을 검토
한다§70, 550; 661. 도케티즘은 그리스어의 '보이다dokeō, δοκέω'에
서 나왔으며, 이는 예수 그리스도가 겉으로만 인간의 모습
을 했다는 것이다. 모든 삶의 의지, 즉 온갖 죄악에서 벗어
난 신은 우리처럼 단호하게 의지를 긍정해서 생긴 것도 아
니고, 우리처럼 구체적인 의지 현상인 신체를 가질 수도 없
으며, 순결한 처녀에게서 태어나서 거짓으로 신체를 가지
고 있을 뿐이다. 아펠레스와 그의 추종자들이 주장한 가현
설에 대하여 초기 교부 테르툴리아누스는 반대 입장을 표
명하였다§70, 550; 662.

아우구스티누스는 하느님께서 "당신의 친아드님을 죄 많
은 육의 모습을 지닌 속죄 제물로 보내시어 그 육 안에서 죄
를 처단하셨습니다"「로마」 8,3라는 구절에 대하여, 그분은 '육
욕에서' 태어나지 않았으므로 죄 있는 육신이 아니지만, 그
것은 죽음을 면할 수 없는 육신이기에 죄 있는 육신의 형태
로 태어났다고 논평했다Liber quaestionum 83, quaestio 66. 또한 그는
원죄를 '죄'이면서 '벌'이라고 가르쳤고, 그것은 신생아에게
도 있지만, 성장하면서 나타난다고 보았다Opus imperfectum 1, 47.

그러나 죄는 죄 있는 자의 의지에서 나왔으며, 그 원죄를 지은 자는 아담이라고 보았다. 우리 모두는 아담의 속에 존재하고, 아담이 불행하게 되어 우리 모두도 그의 속에서 불행하게 된 것이다. 그리하여 쇼펜하우어는 기독교 진리의 핵심을 '원죄설(의지의 긍정)'과 '구원설(의지의 부정)'로 본다. 따라서 예수 그리스도를 일반적으로 '삶에의 의지의 부정의 상징이나 인격화된 화신'으로 이해해야 하고, 개인적으로 파악해서는 안 된다는 것이다§70, 550; 663.

또한 은총을 중시한 아우구스티누스는 인간의 도덕적 노력을 강조한 펠라기우스를 단죄했는데, 루터 역시 그의 저서 『노예적 자의de servo arbitrio』에서 "의지는 악에 대한 경향에 예속되어 있어서 원래 자유롭지 않고, 따라서 인간이 하는 일은 언제나 죄가 있고 흠결이 있으며, 정의를 충족시킬 수 없"으므로, 결국 신앙만이 인간을 성스럽게 할 수 있다는 입장을 확립하였다§70, 551; 663. 그런데 이 신앙은 인간의 의도나 자유의지에서 생기는 것이 아니라, 우리와 무관하게 외부로부터, 즉 은총 작용을 통하여 오는 것이다§70, 551; 664. 쇼펜하우어도 우리의 진정한 덕과 성스러운 마음은 그 최초의 기원을 자의나 도덕적인 행위가 아니라 인식(신앙)에 있다고 생각했다§70, 551; 665. 그럼에도 불구하고 이처럼 심오하고 역사적인 기독교의 복음주의적 교의조차도 오늘날에는 천박하고 불합리한 교의로 추락하였고, 사람들은 유대교에서 유래하여 보존해온 교의만을 중요한 것으로 생각하고 있다고 지적한다.

쇼펜하우어는 아우구스티누스의 교의학에서의 모순은, 인간이 다른 사람이 아닌 자기 자신의 의지의 소산이라는 유대교의 근본 교의를 버리는 즉시 사라지게 되어, 결국 자유는 존재 속에 있고 거기에 원죄도 있어서, 행위에 어떤 자유도 필요 없으나, 은총의 작용은 우리 자신의 것이라고 생각하는 데서 분명해진다고 보았다§70, 551f. Anm.; 664. 그러나 현대의 합리적인 견해는 아우구스티누스의 예정설을 비롯한 많은 부분을 배격하여 오히려 유대교로 회귀하는 경향이 있다. 아우구스티누스는 『신국론』 제14권에서 세계의 죄와 고통을 바탕으로 하여 모든 것을 신에게 귀결하고 있으나, 그 스스로 이 난점을 알고서 당황스러워 했던 것이다. 이처럼 '신의 선의와 세계의 참상 사이의 모순', '의지의 자유와 신의 예지 사이의 모순'은 말브랑슈, 라이프니츠, 베일, 클라크, 아르노 등 데카르트학파를 중심으로 거의 백 년간 논쟁이 이어졌던 난제들이다§70, 552 Anm.; 664. 그런데 기독교 교회가 말하는 '행복을 약속해 주는 신앙'은 "우리 모두가 최초 인간의 타락으로부터 죄를 받고 죽음과 멸망에 들어간 것처럼, 우리는 또한 은총과 우리의 엄청난 죄의 보속, 즉 신의 중개자에 의해서만 구원을 얻을 수 있는데, 이 경우에 인격의 행위는 고의적인 동기가 초래한 행위이므로, 우리(인격)의 공로는 전혀 없고, 모든 것이 신의 중개자의 공로이므로, 우리의 행위는 그 본성상 결코 우리를 정당화할 수 없다"는 사실을 말해준다§70, 553; 665. 이러한 신앙은 두 가지 사실을 전제하고 있다. 첫째로, 우리는 근원적, 본질적으로 구원을 얻을 수 없는 존재이고, 그런 상태에서 우리는 구원을 필요로 한다는 것이다. 둘째로, 우리 자신은 본질적으로 악에 속하여 그것과 굳게 결합하고 있어서 법률이나 규정, 행위에 의하여 구원을 얻을 수 없으며, 이러한 신앙(변화된 인식방법)은 은총을 통해서만 생길 수 있고, 오직 그로써만 구원을 얻을 수 있다는 것이다§70, 553 Anm.; 666. 구원은 우리의 인격과 전혀 무관하다. 그러므로 구원을 얻으려면 우리의 인격을 부정하고 포기해야 한다. 업적이나 법률 자체의 준수가 인간을 의롭게 할 수 없는 것은 그것이 언제나 동기에 근거한 행위이기 때문이다. 루터는 『기독교인의 자유』에서 신앙이 생긴 연후에 그 성과로서 선한 일들이 저절로 생겨나야 하지만, 그것은 공로, 정당화, 보수를 요구하는 것이 아니라 보수를 요구하지 않고 완전히 자발적으로 행해져야 한다고 강조했다. 그렇게 하여 자유로운 정의, 사랑, 이기심의 완전한 포기, 체념과 의지의 부정이 가능한 것이다.

쇼펜하우어는 자신이 제시한 의지 부정의 철학이 본래적인 기독교의 교의론과 완전히 일치한다고 생각했다§70, 554; 666. 그뿐만 아니라 그것은 인도 경전의 가르침이나 윤리적 규정과도 완전히 일치한다고 보았다. 여기에서 기독교의 교의는 "동기가 모든 성격을 드러나게 한다는 필연성(자연의 영역)과, 다른 한편으로 자기 자신을 부정하고, 성격과 그것에 근거하는 동기의 모든 필연성을 폐기하는 의지 자체의 자유(은총의 영역) 사이의 겉으로 보이는 모순을 해명하는 데" 도움이 된다는 것이다§70, 554; 667.

마지막 결론 부분에서 쇼펜하우어는 그가 기술하고자 했던 '하나의 사상'이 결국 "완전한 신성성 가운데서 모든 의욕의 부정과 포기Verneinen und Aufgeben alles Wollens, 그리고 이를 통하여 그 전체 존재가 우리에게 고통으로 나타나는 세계로부터의 구원을 목도하고서, 우리에게 이것이 완전한 무로의 이행ein Übergang in das leere Nichts으로 보인다는 사실"에서 비난의 대상이 될 수 있음을 지적한다§71, 554; 667. 그는 여기에서 자신이 사용하는 무의 개념이 본질적으로 상대적인 것이며, 따라서 그 개념이 부정하는 특정한 어떤 것에만 관계한다고 한정했다. 그것은 칸트가 말한 +에 대한 −로서의 '결성적인 무nihil privativum'와 같은 것이다§71, 555; 667. 어떤 사람들은 모든 것을 부정하는 '부정적인 무nihil negativum'를 말하기도 하지만, 쇼펜하우어는 그런 것은 생각할 수도 없으며, 그런 절대적인 무조차도 더 넓은 개념으로 보면 상대적인 무에 지나지 않는다고 말했다§71, 555; 668. 이처럼 모든 무는 다른 어떤 것과의 관계에서만 상대적인 무이고, 논리적 모순조차도 하나의 상대적인 무에 불과하다. 그 모순은 이성의 사고는 아니지만, 그 때문에 절대적인 무도 아니다.

플라톤은 『소피스트』258D, editio Bipontini 258,12에서 무에 대한 변증법적 설명을 시도한 바 있는데, 그는 여기에서 모든 존재하는 것 상호 간의 관계에 미치고 있는 다른 존재의 본성이 존재하고 있음을 증명하고, 그 본성의 모든 개별적인 부분을 그 존재하는 것에 대립시키면서, 바로 그 다른 존재는 실제로는 존재하지 않는다고 주장했다§71, 555; 668. '적극적인 것으로 생각되는 것'과 '존재하는 것'의 '부정'은 가장 일반적인 의미에서 무의 개념이다. 이는 쇼펜하우어가 '의지의 객관성', '의지의 거울'로 증명한 이른바 표상의 세계이다§71, 556; 669. 공간과 시간은 표상의 형식이고, 단어, 개념, 부호도 표상에 속한다. 의지의 부정, 폐기, 전환도 사실은 의지의 거울인 세계의 폐기, 소멸이다. 입장에 따라서 존재하는 것을 무로 표시하고, 그 무를 존재하는 것으로 표시할 수도 있다. 우리가 삶에의 의지 자체인 한에서 우리에게 그 무를 소극적으로만 인식하고 표시할 것이다. 우리의 모든 현실적인 인식의 가능성, 즉 표상으로서의 세계 또는 의지의 객관성은 동일한 것이 동일한 것을 인식한다는 엠페도클레스의 명제에 근거하고 있다. 세계는 '의지의 자기인식'이다. 그러나 만일 철학이 의지의 부정으로 소극적으로만 표현할 수 있는 것에 대하여 적극적인 인식을 얻고자 한다면, 의지의 완전한 부정에 도달한 모든 사람이 경험한 '열락', '환희', '깨달음', '신과의 합일' 등의 상태를 살펴볼 수밖에 없을 것이다§71, 557; 668. 그러나 이것들은 주관과 객관의 형식이 없고, 타인에게 전할 수 없는 주관적인 것이므로 본래적인 인식이라 할 수 없다.

쇼펜하우어는 세계의 본질 자체를 '의지'로, 그 모든 현상을 '의지의 객관성'으로 인식하고, 자연력의 인식이 없는 충동에서 인간의 의식적인 행동까지를 추구하면서, "의지가 없으면 표상도 없고 세계도 없다Kein Wille: keine Vorstellung, keine Welt"고 선언한다§71, 556; 670. 의지를 자유롭게 포기하면, 모든 현상도 없어지고, 단계적으로 이어지는 형식들의 다양성, 그 전체 현상, 최종적으로 그 일반적인 형식인 시간과 공간, 그 현상의 궁극적인 기본형식인 주관도 객관도 없어진다. 결국 우리 앞에 남는 것은 무이다. 그런데 우리의 본성, 우리 자신, 우리의 세계는 '삶에의 의지'이기 때문에, 우리가 무로 사라지는 것에 저항한다. 우리는 무를 너무나 싫어하고 삶을 너무나 의욕한다. 그러나 의지가 완전한 자기인식에 도달하여 자기 자신을 부정하는 경우, 우리에게 드러나는 것은 "모든 이성보다 높은 평화, 대양처럼 완전히 고요한 마음, 깊은 평정, 흔들림이 없는 확신과 쾌적함이다"§71, 558; 671. 의지의 부정, 공허한 무는 우리를 영속적으로 위로해줄 수 있는 첩경이다. 의지의 부정은 우리에게 실재하는 것처럼 보이는 이 세계, 즉 모든 태양과 은하수와 함께 무이며, 그렇게 세계를 극복한 사람들은 인도인의 브라마Brahm, 불교인의 열반Nirwana처럼 궁극적인 해방을 향유할 수 있다.

참고문헌

1. 쇼펜하우어의 저서

Schopenhauer, Arthur: *Sämtliche Werke*. Hrsg. von Wolfgang Fahr. von Löhneysen, Frankfurt 1986.

Schopenhauer, Arthur: *Sämtliche Werke*. Hrsg. von Ludiger Lütkehaus, Zürich 1988.

Schopenhauer, Arthur: *Philosophie in letters*. Hrsg. von Angelika Hübscher und Michael Fleiter, Frankfurt 1989.

Schopenhauer, Arthur: *Essays and Aphorisms*. New York 1970.

Schopenhauer, Arthur: *On the Fourfold Root of the Principle of Sufficient Reason*. Illinois 1974.

Schopenhauer, Arthur: *Prize Essay on the Freedom of the Will*. Cambridge University Press 1999.

Schopenhauer, Arthur: *The World as Will and Representation in two volumes*. New York 1969.

쇼펜하우어, 『도덕의 기초에 관하여』, 김미영 역, 책세상, 2004.

쇼펜하우어, 『사랑은 없다: 쇼펜하우어, 인생론 에세이』, 이동진 역, 해누리기획, 2004.

쇼펜하우어, 『생존과 허무』, 빛과향기, 2006.

쇼펜하우어, 『세상을 보는 지혜』, 권기철 역, 동서문화동판(동서문화사), 2007.

쇼펜하우어, 『쇼펜하우어 따라잡기: 사랑이라는 화려한 절망』, y스토리 리버스 역, 이지출판, 2009.

쇼펜하우어, 『쇼펜하우어 문장론』, 김욱 역, 지훈, 2006.

쇼펜하우어, 『쇼펜하우어 인생론』, 박현석 역, 나래북, 2010.

쇼펜하우어, 『쇼펜하우어 인생론』, 사순옥 역, 홍신문화사, 2011.

쇼펜하우어, 『쇼펜하우어 인생론』, 최민홍 역, 집문당, 1990.

쇼펜하우어, 『쇼펜하우어의 토론의 법칙』, 최성욱 역, 원앤원북스, 2003.

쇼펜하우어, 『쇼펜하우어의 행복론과 인생론』, 홍성광 역, 을유문화사, 2013.

쇼펜하우어, 『쇼펜하우어의 행복콘서트-행복을 위한 최고의 철학자의 독한 가르침』, 도모다 요코 편, 이혁재 역, 예인

(플루토북), 2011.

쇼펜하우어, 『의지와 표상으로서의 세계』, 권기철 역, 동서문화
동판(동서문화사), 2008.

쇼펜하우어, 『의지와 표상으로서의 세계』, 이서규 역, 지식을만
드는지식, 2008. [발췌본].

쇼펜하우어, 『의지와 표상으로서의 세계』, 홍성광 역, 을유문화
사, 2000.

쇼펜하우어, 『자연에서의 의지에 관하여』, 김미영 역, 아카넷,
2012.

쇼펜하우어, 『충족이유율의 네 겹의 뿌리에 관하여: 쇼펜하우어
의 철학논문』, 김미영 역, 나남출판, 2010.

2. 쇼펜하우어 사상에 관한 문헌

Abelsen, Peter: *Schopenhauer and Buddhism*, in Philosophy
East, Vol. 43, April 1993, pp. 255-278.

Cartwright, David E.: *Kant, Schopenhauer, and Nietzsche on
the Morality of Pity*, in: Journal of the History of Ideas
1984.

Copleston, Frederick: *Schopenhauer and Nietzsche*, in: Michael Fox(ed.): *Schopenhauer. His philosophical Achievement*. New Jersey 1980.

Dauer, Dorothea W.: *Schopenhauer as Transmitter of Buddhist Ideas*. Bern 1969.

Fischer, Kuno: *Schopenhauers Leben, Werke und Lehre*. Heidelberg 1908.

Fleischer, Margot: *Schopenhauer*. Freiburg 2001.

Fox, Michael ed.: *Schopenhauer. His Philosophical Achievement*. New Jersey 1980.

Gardiner, Patrick: *Schopenhauer*. Virginia 1997(1963).

Halbfass, Wilhelm: *India and Europe. An Essay in Understanding*. New York 1988.

Janaway, Christopher ed.: *The Cambridge Companion to Schopenhauer*. Cambridge University Press 1999.

Janaway, Christopher: *Schopenhauer*. Oxford University Press 1994.

Janaway, Christopher: *The Self and World in Schopenhauer's Philosophy*. Oxford 1989.

Kalupahana, David, J.: *Buddhist Philosophy. A Historical Analysis*. The University Press of Hawaii 1976.

Kishan, B.V.: *Schopenhauer and Buddhism,* in: *Schopenhauer Jahrbuch* 53, 1972. pp.185-190.

Magee, Bryan: *The Philosophy of Schopenhauer*. Oxford University Press, New York 1983.

Möbuß, Susanne: *Schopenhauer für Anfänger–Die Welt als Wille und Vorstellung*. Deutscher Taschenbuch Verlag, München 1998. 뫼부스, 수잔네,『쉽게 읽는 쇼펜하우어: 의지와 표상으로서의 세계』, 이학사, 2002.

Nanajivako, Bhikkhu: *Buddhismus: Religion oder Philosophie?* in: Schopenhauer Jahrbuch, 60. Band, Frankfurt 1979.

Nanajivako, Bhikkhu: *Schopenhauer and Buddhism*. Kandy, Sri Lanka 1970.

Nicholls, Moira: *The Influence of Eastern Thought on Schopenhauer's Doctrine of the Thing-in-Itself*. in: Christopher Janaway(ed.): The Cambridge Companion to Schopenhauer. Cambridge University Press 1999.

Reents, Edo: *Zu Thomas Manns Schopenhauer-Rezeption*.

Würzburg: Königshausen&Neumann, 1998.

Safranski, Rüdiger: *Schopenhauer und die wilden Jahre der Philosophie*. Eine Biographie. Hamburg 1998.

Spierling, Volker (Hrsg.): *Materialien zu Schopenhauers* ›*Die Welt als Wille und Vorstellung*‹, Frankfurt 1984.

Spierling, Volker: *Arthur Schopenhauer. Eine Einführung in Leben und Werk*. Leipzig 1994.

Wicks, Robert: *Schopenhauer's The World As Will And Presentation. A Reader's Guide*. London, New York: Continuum, 2011.

강용수, 『쇼펜하우어가 들려주는 의지 이야기』, 자음과모음, 2006.

김선희, 『철학자가 눈물을 흘릴 때: 쇼펜하우어&니체』, 지식인마을 37, 김영사, 2011.

김정현, 「고통의 심층철학: 쇼펜하우어의 의지의 형이상학을 중심으로」, 『철학연구』 68집, 대한철학회, 대구, 1998.

김진, 『라이프니츠, 헤겔, 쇼펜하우어와 불교』, 울산대학교출판부, 2004.

노이바우어, 한스 요아힘, 『염세 철학자의 유쾌한 삶: 쇼펜하우
어에게 배우는 삶의 여유』, 박규호 역, 문학의문학, 2012.

류명걸, 『쇼펜하우어와 니이체』, 용성출판사, 2004.

만, 토마스, 『쇼펜하우어, 니체, 프로이트』, 원당희 역, 세창미디
어, 2009.

박은미, 『삶이 불쾌한가: 쇼펜하우어의 의지와 표상으로서의 세
계』, 한국철학사상연구회, 삼성출판사, 2006.

비너, 랄프, 『유쾌하고 독한 쇼펜하우어의 철학읽기-쇼펜하우
어의 재발견』, 최흥주 역, 시아출판사, 2009.

아벤트로트, 발터, 『쇼펜하우어』, 한길사, 1998.

얄롬, 어빈 D., 『쇼펜하우어, 집단심리치료』, 최윤미, 이혜성 역,
시그마프레스, 2006.

이서규, 『삶과 실존철학』, 서광사, 2002.

이서규, 『쇼펜하우어의 철학』, 이문출판사, 2004.

제너웨이, 크리스토퍼, 『쇼펜하우어』, 시공사, 2001.

최성배, 『쇼펜하우어 진실: 세상을 행복하게 바라보는 가치』, 모
아북스, 2006.

코플스턴, 프레드릭, 「쇼펜하우어」, 『18·19세기 독일철학: 피히
테에서 니체까지』, 서광사, 2008, 435-483쪽.

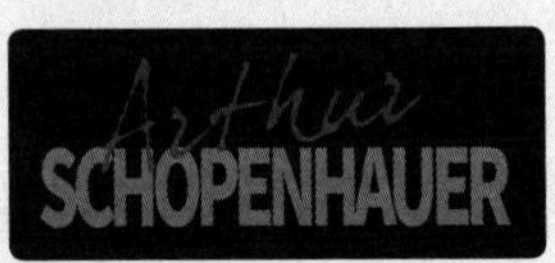

Arthur
SCHOPENHAUER